Written by
Libby Mitchell

Language consultant
Matilde Gallardo

Published by BBC Books and Longman Group UK Limited

BBC Books
a division of
BBC Enterprises Limited
Woodlands
80 Wood Lane
London W12 0TT

Longman Group UK Limited
Longman House
Burnt Mill
Harlow
Essex
CM20 2JE
England and Associated
Companies throughout
the World.

First published 1990



Edited by **Cathy Gaulter**
Cover and book design by **Amanda Askwith**
Illustrated by **Debbie Clark and Peter Richardson**
Cover illustration by **Clare Nias**
Artwork by **Mike Gilkes**
**ISBN 0 582 05690 X**
Set in 11/13 Rockwell Light
Typeset by Ace Filmsetting Limited
Text printed in Britain by Ebenezer Baylis Limited
Cover origination and printing by Fletchers of Norwich



## Acknowledgements

The publishers would like to thank the following for use of copyright material:

ACE PHOTO AGENCY page 92; ALL SPORT page 11 *both right*; CAMERA PRESS page 11 *far left*; J. ALLAN CASH PHOTOLIBRARY page 50 *top*; CUT BOTH WAYS page *centre left*; IAN MITCHELL page 77; MARY GLASGOW PUBLICATIONS page 6 *both*, 7, 16 *left* and *bottom right*, 23, 31, 35, 37 *bottom*, 40 *all*, 41 *all*, 45 *top left* and *both right*, 77, 80 *bottom*, 86, 97 *top* and *bottom* and page 98; JANINE WIEDEL page 70; PHILIP WOLMUTH page 50 *bottom*.

The remaining photographs are © BBC Enterprises Limited

*Picture research by Frances Abraham*

*Teacher's notes including worksheets for the television programmes are available from BBC School Publications, PO Box 234, Wetherby, West Yorkshire, LS23 7EU. *Beginners' Spanish* Students' Workbook for the radio broadcasts can be obtained from The Language Centre, Brighton Polytechnic, Falmer, Brighton, BN1 9PH.

# Introduction

*Diez Temas* is for students preparing for GCSE or Standard Grade in Spanish. It accompanies the BBC School Television series of the same name and the BBC School Radio series *Beginners' Spanish.* It can also be used independently.*

The book and accompanying cassette consolidate and extend the language presented in the BBC series. The ten units follow the same themes as the programmes but do not duplicate the broadcast material. Although the book covers the same main language points, it presents them in fresh contexts so that new vocabulary and structures relevant to the same functions are introduced naturally. None of the activities in the book depend on the programmes but are complementary to the TV and radio material.

The recorded material contains interviews, dialogues, and excerpts from radio shows. It presents the main language points for each unit and provides both atmosphere and context to help students to develop a 'feel' for the language while providing a guide for intonation and pronunciation. Listening for gist, for specific words or information and for deducing attitude or inference are encouraged. There is a 'language summary' at the end of each unit, showing the main points practised. The transcripts of the listening material appear at the back of the book.

The listening activities lead into pairwork. Model dialogues are shown to enable students to practise the language they have heard on cassette and seen written and, wherever possible, the contexts for their conversations are based around topics which allow them to talk about themselves and give their own ideas and opinions. There are also suggestions for oral group and class activities.

Reading is encouraged through use of a variety of materials including magazine-type quizzes and games and exploitation of short authentic texts. Simple writing activities are also included and involve activities such as adapting 'model' texts in the book to write a short letter to a potential penfriend or your ideal menu.

Cultural information in *Diez Temas* concentrates particularly on the lives of young people in Spain, as presented, for example through the recorded interviews with Spanish teenagers. There is also reference to Latin America in the texts, photos and authentic materials to introduce students to the rich and fascinating Spanish-speaking world.

We hope that you will enjoy *Diez Temas.*

# Contents

| Unit | Functions | Structures | Lexical areas |
|---|---|---|---|
| 7 Las compras<br>*page 66* | Asking for particular items in a shop.<br>Saying something is too big or too small.<br>Finding out about opening times. | *querer*<br>*para* (use/purpose)<br>*se abre, se cierra* + time | clothes and shoes<br>sizes<br>colours<br>shops |
| 8 Las vacaciones<br>*page 77* | Talking about holidays.<br>Describing the weather. | *ir* (present and preterite)<br>*ir en coche/avión*<br>*hacer* + weather | holidays<br>transport<br>weather |
| 9 Las fiestas<br>*page 86* | Saying when your birthday is.<br>Describing character.<br>Talking about festivals.<br>Offering food and drink.<br>Calling someone on the telephone. | *ir a* (immediate future)<br>colloquial use of *ser* and *estar* in telephone conversations | dates<br>months<br>food and customs<br>greetings<br>party food and drink<br>adjectives to describe personality |
| 10 La ciudad y el pueblo<br>*page 96* | Making comparisons.<br>Describing pets.<br>Calling for help.<br>Expressing fear and sleepiness. | *preferir*<br>*mejor, más . . . que*<br>*tan como*<br>*no hay, ni . . . ni . . .*<br>*tener* + *miedo*<br>*conocer a* (a person) | city<br>countryside<br>animals<br>pets |

**Key to symbols**

 ▶ Listening exercise

 ▶ Pairwork exercise

 ▶ Groupwork exercise

# 1 Información personal

## ¿Cómo te llamas?

**1.1** Listen to the Spanish teenagers talking about themselves. Work out their names.

## Me llamo . . .

**1.2** Look at what the girl in the photo says about herself. Work with a partner and tell each other the same information about yourselves.

¡Hola! Me llamo
Rosa María Martínez.
Tengo 16 años
y soy de Salamanca.

## Un código

**1.3** Below is a secret code with numbers representing letters. ¡Ojo! The Spanish alphabet has some special letters. Can you spot them?

| | |
|---|---|
| uno | a |
| dos | b |
| tres | c |
| cuatro | ch |
| cinco | d |
| seis | e |
| siete | f |
| ocho | g |
| nueve | h |
| diez | i |
| once | j |
| doce | k |
| trece | l |
| catorce | ll |
| quince | m |
| dieciséis | n |
| diecisiete | ñ |
| dieciocho | o |
| diecinueve | p |
| veinte | q |
| veintiuno | r |
| veintidós | s |
| veintitrés | t |
| veinticuatro | u |
| veinticinco | v |
| veintiséis | w |
| veintisiete | x |
| veintiocho | y |
| veintinueve | z |
| treinta | |

▶ Find out what the boy is asking the girl and what her answer is.

¿ ________ ____ ________?
3 24 1 16231822 1 171822 2310 6 16 6 22

______ ____________ ____.
23 18 5 22 1 22

## Uno, dos, tres

**1.4** Which numbers are mentioned on the cassette?

**a** • 4, 5, 6
• 1, 2
• 1, 2, 3

**b** • 15, 20
• 14, 8, 22
• 14, 8, 30

**c** • 12
• 11
• 13

**d** • 30, 15
• 15, 30
• 15, 40

## Más números

**1.5** Complete the number square.

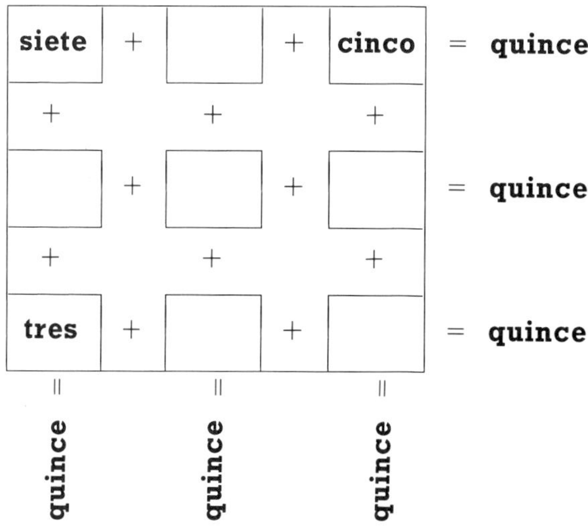


## ¿Cómo te llamas?

**1.6** Work out which is the answer for each of the questions. Then use the questions to find out your partner's name, age and home town.

## Las profesiones

**1.7** Look at the list of jobs below and then make a note of the ones mentioned on the cassette.

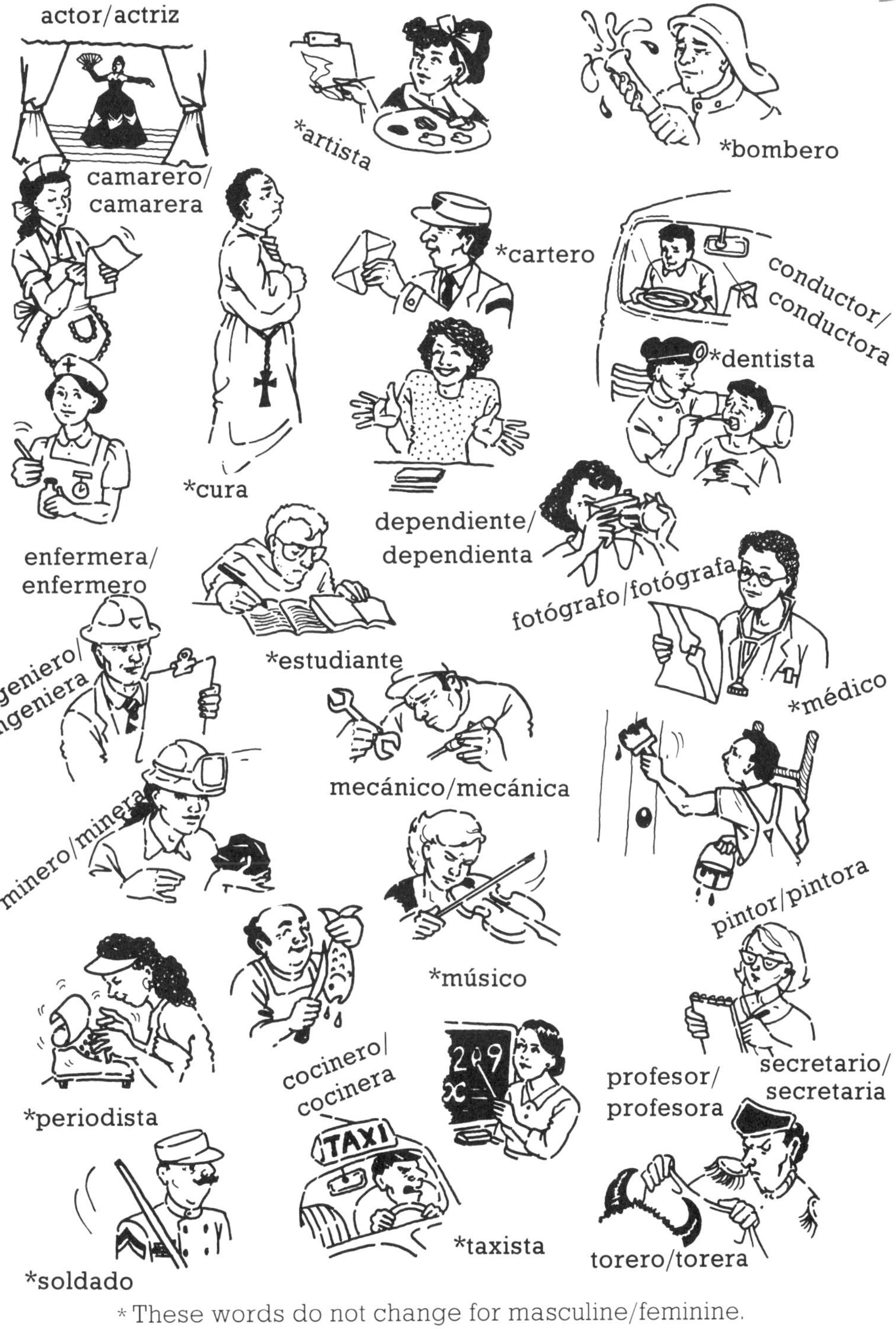

actor/actriz

*artista

*bombero

camarero/
camarera

*cartero

conductor/
conductora

*cura

*dentista

dependiente/
dependienta

enfermera/
enfermero

fotógrafo/fotógrafa

*estudiante

ingeniero/
ingeniera

*médico

mecánico/mecánica

minero/minera

pintor/pintora

*músico

cocinero/
cocinera

*periodista

profesor/
profesora

secretario/
secretaria

TAXI

*taxista

torero/torera

*soldado

* These words do not change for masculine/feminine.

▶ Listen to the cassette again and decide which of the following sentences are true (verdadero) and which are false (falso).

| | verdadero | falso |
|---|---|---|
| ▶ El cocinero se llama Andrés. | | |
| ▶ El taxista es de Barcelona. | | |
| ▶ Javier es estudiante. | | |
| ▶ El torero se llama José Manuel. | | |
| ▶ Teresa es secretaria. | | |
| ▶ La profesora se llama Isabel. | | |

## Crucigrama

**1.8** Complete the crossword by writing the jobs shown in the pictures.

## Los países

**1.9** Can you work out the English names of all the following countries?

- ▶ Los Estados Unidos
- ▶ Escocia
- ▶ Francia
- ▶ España
- ▶ Alemania
- ▶ Inglaterra
- ▶ Irlanda
- ▶ Gales
- ▶ Australia
- ▶ Italia

## ¿De dónde son?

**1.10** Number the countries above in the order you hear them mentioned on the cassette. Which countries are not mentioned?

## ¿Cómo se llama?

**1.11** Work with a partner. One of you thinks of a well-known personality. The other has to try to work out who it is. Ask questions such as:

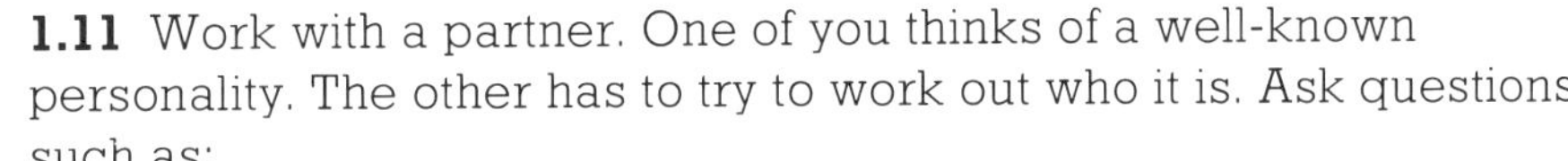

- ▶ ¿Es de los Estados Unidos/Inglaterra/España?
  Sí/no.
- ▶ ¿Es actor/actriz/cantante/músico/tenista/atleta?
  Sí/no.
- ▶ ¿Es hombre/mujer?
  Sí/no.

## Se llama . . .

**1.12** Work with a partner. Describe the people in the photos. If you think your partner's description is wrong, correct him/her.

*ejemplo* ▶

- Se llama Dustin Hoffman. Es de Inglaterra.
- No, Dustin Hoffman es de los Estados Unidos.

## Un juego

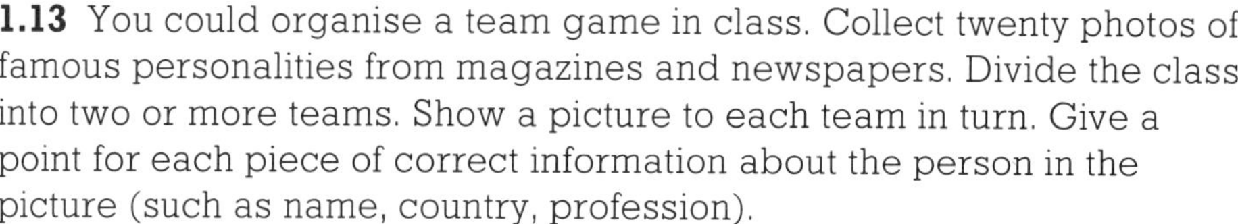

**1.13** You could organise a team game in class. Collect twenty photos of famous personalities from magazines and newspapers. Divide the class into two or more teams. Show a picture to each team in turn. Give a point for each piece of correct information about the person in the picture (such as name, country, profession).

## Busco corresponsal

**1.14** Imagine you are working for a penfriend agency. You have notes on five people wanting Spanish penfriends. Read the letters and then choose the most suitable correspondent for each person. Write the name of the ideal Spanish penfriend in the spaces on each set of notes.

Me llamo Javier Santos. Tengo 17 años y soy de Valencia. Busco una corresponsal de Inglaterra o de los Estados Unidos. Me gusta la música clásica y la literatura.

Me llamo Beatriz Solana. Soy de Barcelona. Tengo 16 años. Busco corresponsales, chicos o chicas, de 16 a 20 años. Me gusta la música pop. Mi grupo favorito es The Bangles. Mis cantantes favoritos son Phil Collins y Tina Turner.

Me llamo Alejandro Aguirre. Soy de Madrid. Tengo 18 años. Busco un corresponsal de Inglaterra. Practico el fútbol y el kárate. Y toco la guitarra.

Mi nombre es Marisol. Soy una chica de 15 años. Soy de Sevilla. Tengo dos perros. Adoro los animales. Mi ambición es ser veterinaria. Busco una corresponsal de Inglaterra.

Busco un corresponsal de 15 a 18 años. Soy de San Sebastián. Tengo 16 años. Me interesan las matemáticas y la ciencia ficción. Mi nombre es Manuel González.

**Edad** 16 años
**Chico/chica** chica
**Ciudad/país** Nueva York, los Estados Unidos
**Aficiones** Beethoven, Mozart, Shakespeare
**Corresponsal ideal** ..........................................

**Edad** 17 años
**Chico/chica** chico
**Ciudad/país** Sydney, Australia
**Aficiones** la astronomía, las matemáticas
**Corresponsal ideal** ..........................................

**Edad** 14 años
**Chico/chica** chica
**Ciudad/país** Londres, Inglaterra
**Aficiones** los animales, tocar la guitarra
**Corresponsal ideal** ..............................................................

**Edad** 18 años
**Chico/chica** chico
**Ciudad/país** Liverpool, Inglaterra
**Aficiones** el fútbol, el piragüismo, la música rock
**Corresponsal ideal** ..............................................................

**Edad** 19 años
**Chico/chica** chica
**Ciudad/país** París, Francia
**Aficiones** la música pop, el tenis
**Corresponsal ideal** ..............................................................

## ¡Hola!

**1.15** Write a letter about yourself like this one and send it to a Spanish magazine.

¡Hola!
Me llamo José Luis Riera. Tengo 15 años y soy de Madrid. Busco un corresponsal o una corresponsal de Inglaterra, los Estados Unidos o Australia.
Mi deporte favorito es el baloncesto. Toco la guitarra y el piano. Mis cantantes favoritos son Luther Vandross y Whitney Houston.
Saludos de

José Luis

## En una discoteca

**1.16** Listen to this dialogue on the cassette and then complete the sentences below.

CHICO ¡Hola!
CHICA ¡Hola!
CHICO ¿Cómo te llamas?
CHICA Me llamo Elena. ¿Y tú?
CHICO Alejandro.
CHICA ¿Cómo?
CHICO Alejandro.
CHICA ¿De dónde eres?
CHICO Soy de Inglaterra, de Londres.
CHICA ¿No eres español?
CHICO No, soy inglés.
CHICA Pero hablas español muy bien.
CHICO Porque mi madre es española.
CHICA Oh . . .
CHICO ¿Y tú?
CHICA ¿Cuántos años t . . . ?
CHICA Pues yo soy de aquí, de Madrid.
CHICO ¿Y cuántos años tienes? A ver . . . ¿diecinueve?
CHICA No, dieciocho. ¿Y tú?
CHICO Tengo veintitrés años.
CHICA Los chicos ingleses son serios, ¿no? ¿Eres serio?
CHICO Hombre, pues . . . no mucho. ¿Y las chicas españolas son muy . . .
CHICA ¿Qué?
CHICO Simpáticas.

- La chica se llama . . .
- El chico se llama . . .
- El chico es de . . .
- La chica tiene . . . años.
- El chico tiene . . . años.

## Comprensión

**1.17** Can you answer these questions about the conversation?

- Which part of Spain is the girl from?
- Why is she surprised when he tells her he is not Spanish?
- What reason does the boy give for being able to speak good Spanish?

- ▶ What is the girl's general impression of English boys?
- ▶ Is this the first time they have met?
- ▶ What does the boy say about Spanish girls?
- ▶ Do you think they like each other?

## Empareja las frases

**1.18** Match the questions with the correct answers.

| | |
|---|---|
| ▶ ¿Hablas español? | ● No, soy inglesa. |
| ▶ ¿Eres española? | ● Tengo 16 años. |
| ▶ ¿De dónde eres? | ● Sí, hablo inglés, francés y español. |
| ▶ ¿Cuántos años tienes? | ● Soy de Londres. |
| ▶ ¿Eres de Barcelona? | ● No, soy médico. |
| ▶ ¿Eres estudiante? | ● No, soy de Madrid. |

## ¿Por dónde empezar?

**1.19** Work with a partner. Imagine that you have just met for the first time. Which questions from the list above would you ask each other and in what order?

---

## Language summary

| | |
|---|---|
| ▶ **¿Cómo te llamas?** | Me llamo Marisa. |
| ▶ **¿Cuántos años tienes?** | Tengo 15 años. |
| ▶ **¿De dónde eres?** | Soy de Madrid. |
| ▶ **Los números del 1 al 30** | |
| ▶ **Las profesiones** | Soy actor/ingeniero/dentista. |
| ▶ **Los países** | Inglaterra/Estados Unidos/Francia . . . |
| ▶ **¿Cómo se llama?** | Se llama Dustin Hoffman. |
| ▶ **¿Es cantante?** | No, es actor. |
| ▶ **¿Es de Inglaterra?** | No, es de los Estados Unidos. |
| ▶ **¿Hablas español?** | Sí, hablo inglés y español. |

# 2 La familia

## ¿Dónde vives?

**2.1** Listen to the cassette. Number the houses in the photos in the order you hear them described.

*Un piso en Salamanca*

*Una apartamento en San Juan*

*Una casa de campo en Colombia*

## ¿Dónde viven?

**2.2** Choose the correct answer.

**a** Anne Marie vive en . . .
- Salamanca
- Barcelona
- Madrid

**b** Elena vive en . . .
- México
- Colombia
- España

**c** Javier vive en . . .
- una casa
- en el campo
- en un apartamento

## ¿Cuál es tu dirección?

**2.3** Copy down the names of these streets. Then listen to the cassette and write down the number you hear mentioned for each place.

## Vivo en . . .

**2.4** Work with a partner. Tell each other where you live. Give the name of your town and your address.

*ejemplo*▶

- ¿Dónde vives?

- Vivo en Madrid en la calle Mayor, número 11.

- ¿Vives en una casa o un piso?

- Vivo en un piso.

## ¿Cómo es tu casa?

**2.5** Listen to what Anne Marie, Javier and Elena say about their homes. Tick the appropriate boxes in the grid. (If you prefer not to write in your book; put a piece of clean white paper over the grid and tick that.)

| | Anne Marie | Javier | Elena |
|---|---|---|---|
| **una cocina** | | | |
| **un salón** | | | |
| **un comedor** | | | |
| **un cuarto de baño** | | | |
| **tres dormitorios**<br>**cuatro dormitorios** | | | |
| **una terraza** | | | |
| **un jardín** | | | |

## ¿Cómo es el piso?

**2.6** Describe the flat shown in the drawing. Begin with:

▶ En el piso hay . . .

*o*

▶ El piso tiene . . .

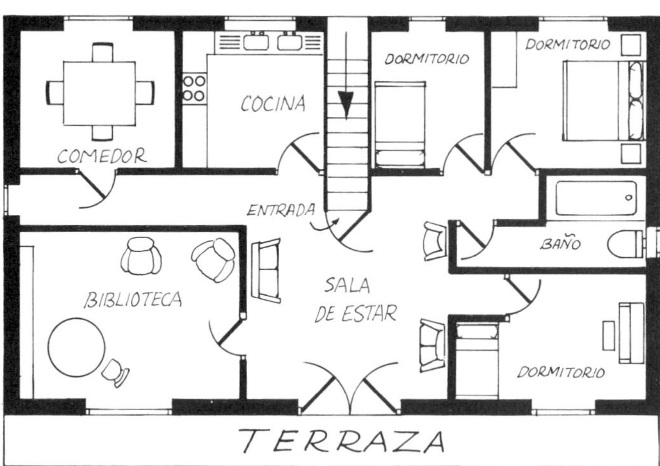

## Mi casa es . . .

**2.7** Tell your partner what your home is like.

*ejemplo*▶

Mi casa es bastante grande/pequeña. Tiene tres dormitorios, una cocina, un salón . . .

## ¿Qué hay en tu habitación?

**2.8** Look at the list and tell your partner what there is in your bedroom.

▶ En mi habitación hay . . .

**una lámpara**

**una butaca**

**un televisor**

**una puerta**

**un estéreo**

**una ventana**

**una radio**

**una silla**

**una chimenea**

**una mesa**

**un baño**

**una ducha**

**un espejo**

**un servicio**

**una lavadora**

**un frigorífico**

**una cama**

**un póster**

**una cocina**

## Busca las diferencias

**2.9** Now look at the two pictures. Which things have been moved in the second drawing? Make a list of the items that are different. But use *el/la* instead of *un/una*.

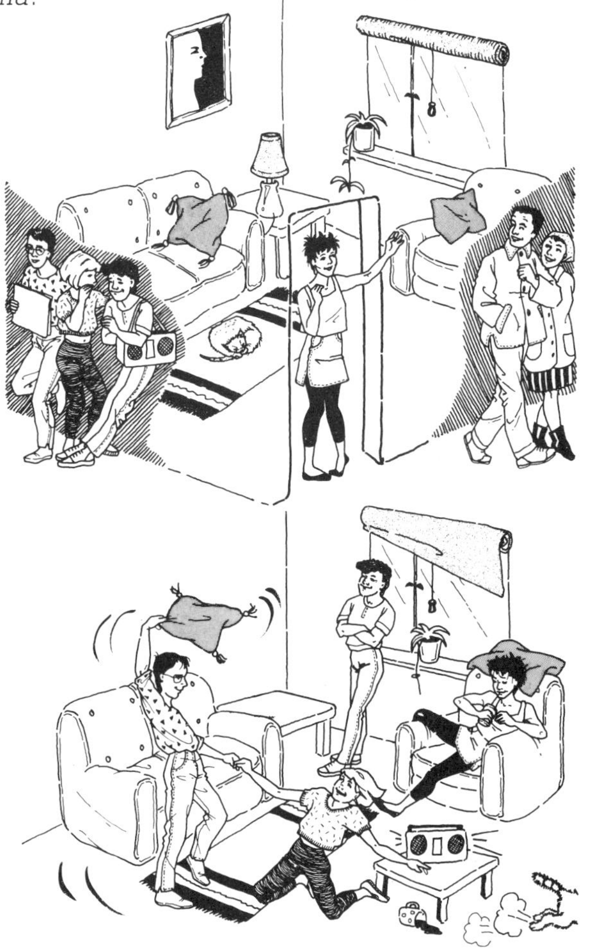

## En mi familia somos tres

**2.10** How many people are there in each family? Listen to the descriptions on the cassette. Then tick the appropriate boxes according to the members of each family mentioned. (Use a piece of paper as an overlay and write on that if you prefer.)

| | **Elena** | **Javier** | **María Jesús** |
|---|---|---|---|
| **el abuelo**<br>**la abuela**<br>**la madre**<br>**el padre**<br>**la hermana**<br>**el hermano** | | | |

## En mi casa

**2.11** Describe your family to your partner. For example, complete either of the following sentences.

- En mi casa* viven . . . personas: mi madre . . .

*o*

- En mi familia somos . . . Mi padre, . . .

**En mi casa = at home, in my house*

## La familia de María Jesús

**2.12** Describe the family in the picture by completing the sentences.

*(from left to right)* **Federico, Concepción, Conchita, Maria Jesús, Juan, Conchita.**

*ejemplo*▶

La madre se llama . . .

El . . . se llama Juan.

La . . . de María Jesús se llama Conchita.

La hermana de Conchita se llama . . .

La . . . se llama Concepción

El abuelo se llama . . .

El marido de Conchita se llama . . .

. . . es la esposa de Juan.

## Sopa de letras

**2.13** Can you find ten family words in the *Sopa de letras*?

| | | | | | | | | | |
|---|---|---|---|---|---|---|---|---|---|
| M | A | D | R | E | P | H | I | J | O |
| A | B | R | X | S | A | E | H | O | S |
| R | U | V | E | P | D | R | R | D | H |
| I | E | T | F | O | R | M | C | P | I |
| D | L | Z | G | S | E | A | I | Q | J |
| O | A | A | B | A | M | N | K | M | A |
| Y | A | B | U | E | L | O | L | U | T |
| H | E | R | M | A | N | A | Ñ | V | A |

## ¿Cómo es?

**2.14** Pick the words which describe the people in your family.

▶ ¿Cómo es tu madre?
▶ ¿Cómo es tu hermana?

- Mi madre es . . .
- Mi hermana es . . .

ambiciosa
generosa
nerviosa
simpática
tímida
elegante
inteligente
responsable

▶ ¿Cómo es tu padre?
▶ ¿Cómo es tu hermano?

- Mi padre es . . .
- Mi hermano es . . .

ambicioso
generoso
nervioso
simpático
tímido
elegante
inteligente
responsable

## Una carta de España

**2.15** You will have noticed that in Spanish some adjectives change according to whether they are describing masculine, feminine or plural words. Also, the adjectives usually come after the word they describe. You can see examples of this in the letter on page 23.

▶ You have received this letter from a Spanish penfriend. Write a similar letter in return.

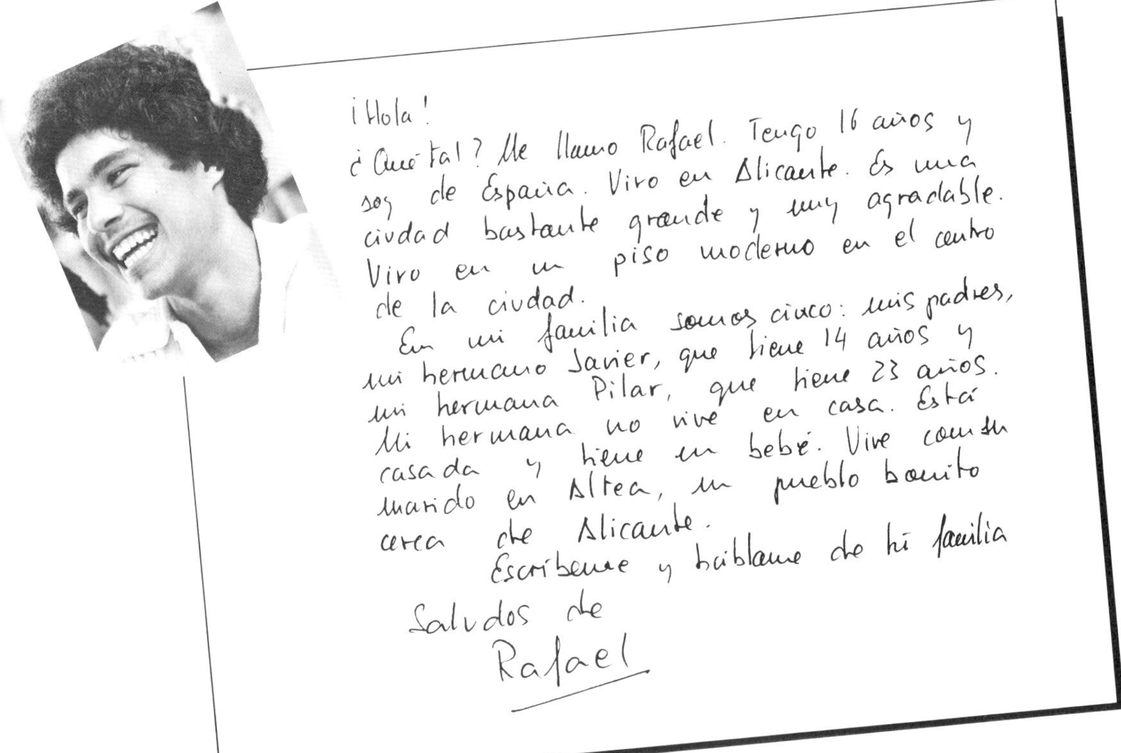

¡Hola!

¿Qué tal? Me llamo Rafael. Tengo 16 años y soy de España. Vivo en Alicante. Es una ciudad bastante grande y muy agradable. Vivo en un piso moderno en el centro de la ciudad.

En mi familia somos cinco: mis padres, mi hermano Javier, que tiene 14 años y mi hermana Pilar, que tiene 23 años. Mi hermana no vive en casa. Está casada y tiene un bebé. Vive con su marido en Altea, un pueblo bonito cerca de Alicante.

Escríbeme y háblame de tu familia

Saludos de

Rafael

## Los países de habla española

**2.16** There are many different Spanish-speaking countries. Can you remember the three teenagers who talked about where they came from at the beinning of this unit? Read these sentences about them and then find their countries on the map overleaf.

▶ Anne Marie es española.

▶ Elena es colombiana.

▶ Javier es puertorriqueño.

## Los países y las capitales

**2.17** You could organise a team quiz game. Without looking at the map, see how many countries and capitals each team can name correctly. All answers must be in Spanish.

*ejemplo*▶

– ¿Cuál es la capital de España?

– La capital de España es Madrid.

Canadá
Los Estados Unidos
España
Las Islas Canarias
Ibiza
Mallorca
Menorca
Cuba
La República Dominicana
Belize
Puerto Rico
Honduras
México
Guatemala
El Salvador
Nicaragua
Costa Rica
Panamá
Colombia
Ecuador
Venezuela
Perú
Bolivia
Paraguay
Chile
Uruguay
Argentina

## Language summary

| | |
|---|---|
| ▶ **¿Dónde vives?** | Vivo en Salamanca, en la Plaza de San Juan Bautista, número catorce.<br>Vivo en Colombia en Sudamérica.<br>Vivo en el campo, cerca de Medellín. |
| ▶ **¿Vives en un piso/apartamento o en una casa?** | Vivo en un piso/apartamento/ una casa. |
| ▶ **¿Cómo es tu casa?** | Es grande/pequeña/bastante grande/bastante pequeña.<br>Tiene un salón, un comedor, una cocina, tres dormitorios, un cuarto de baño, una terraza y un jardín. |
| ▶ **¿Qué hay en tu habitación/ en el salón/ en el comedor/ en el cuarto de baño/ en la cocina?** | Hay una alfombra, una lámpara, una butaca, un televisor, un estéreo, un vídeo, una ventana, una puerta, una chimenea, una radio, una silla, una mesa, un baño, una ducha, un espejo, un servicio, una lavadora, un póster, una cocina. |
| ▶ **Háblame de tu familia.** | En mi familia somos cuatro . . .<br>En mi casa viven siete personas: mis abuelos, mi madre, mi padre, mi hermano, mi hermana y yo. |
| ▶ **¿Cómo es tu madre/padre/ hermano/hermana?** | Mi padre/mi hermano es . . . simpático/generoso/tímido/ inteligente/responsable.<br>Mi madre/mi hermana es . . . simpática/generosa/tímida/ inteligente/responsable. |
| ▶ **Los países de habla española** | |

1990

# 3 La vida diaria

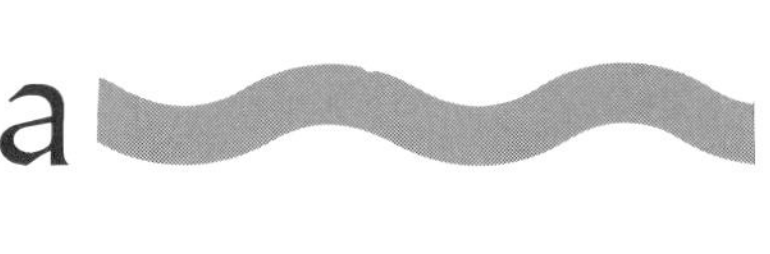

## ¿Qué hora es?

**3.1** Look at these clocks and see how you say what time it is in Spanish.

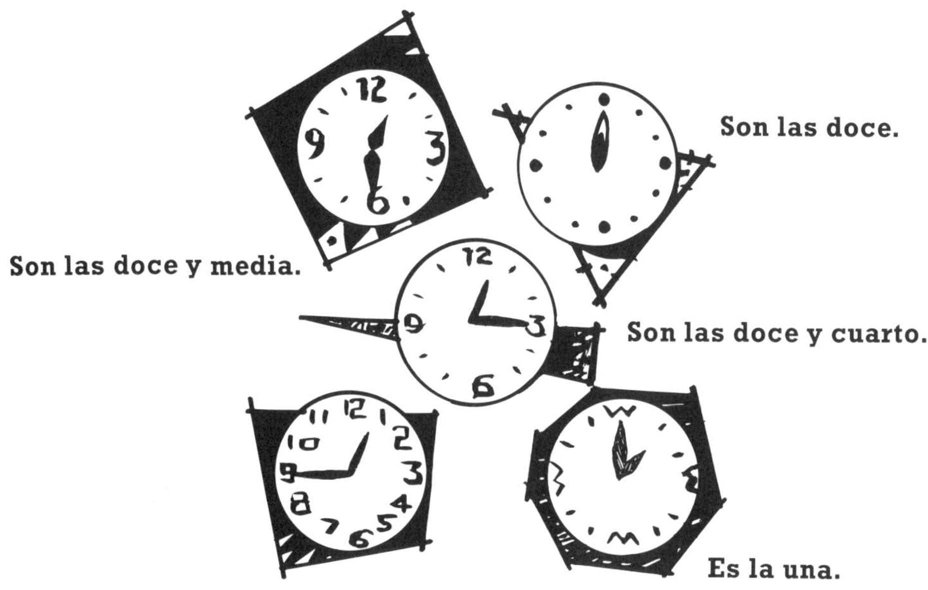
Son las doce.
Son las doce y media.
Son las doce y cuarto.
Es la una.
Es la una menos cuarto.

## ¿Cómo es un día en tu vida?

**3.2** Listen to the cassette and make a note of the time mentioned for each of the activities shown.

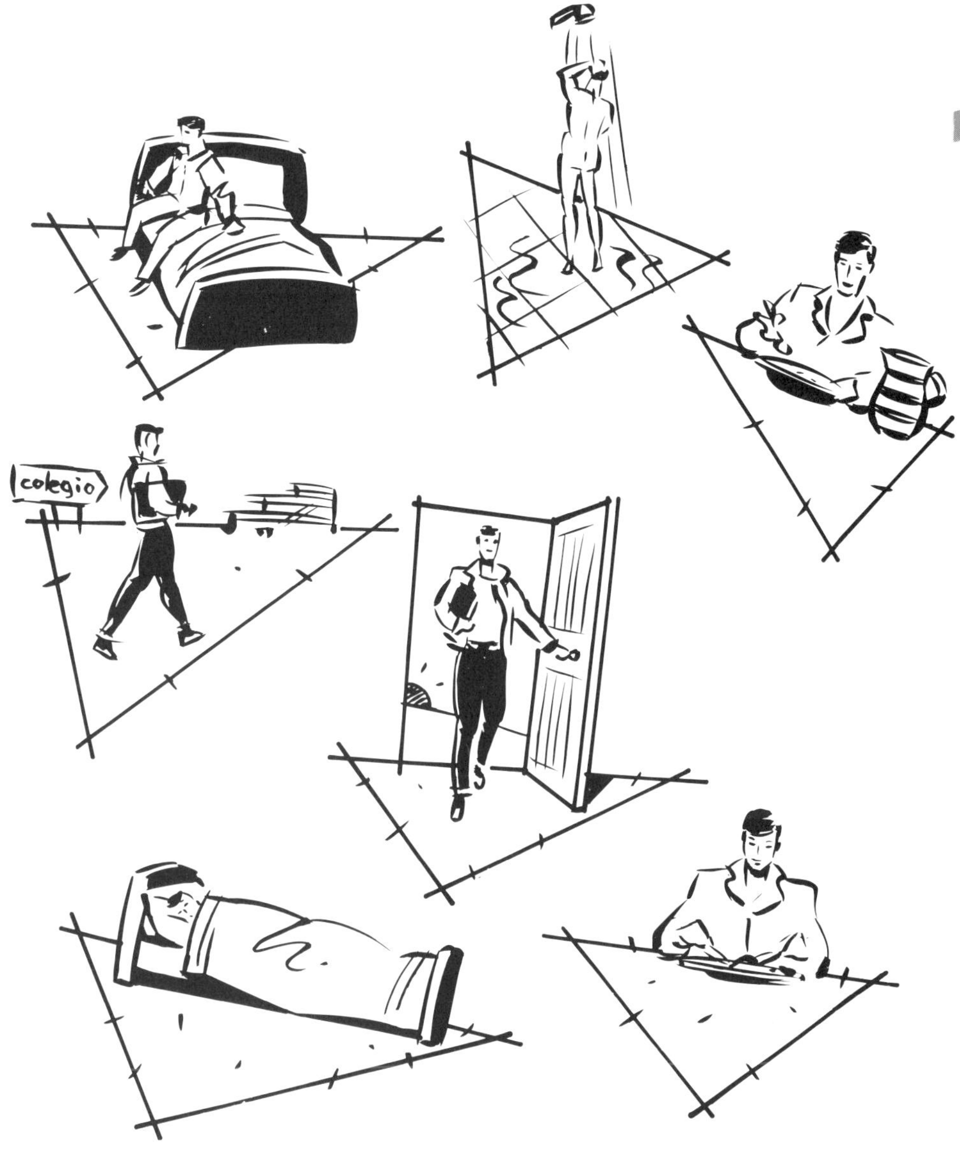

▶ Now listen to the cassette again and choose the appropriate caption from the list for each drawing.

- Por la tarde llego a casa a las seis y media.
- Me levanto a las seis y media.
- Ceno.
- Me despierto temprano.
- Desayuno a las siete.
- Me ducho.
- Y a las diez me acuesto.
- A las ocho y cuarto me voy al colegio.

## Un día en la vida de una superestrella

**3.3** Listen to the interview with the singer Ramón and answer the questions.

- ▶ Does Ramón get up early or late?
- ▶ What does he do then? Does he have breakfast?
- ▶ Does it take him two hours to get dressed sometimes or to do his hair?
- ▶ What kind of music does he listen to?
- ▶ What do you imagine his clothes and hairstyle are like?

## ¿A qué hora te despiertas?

**3.4** Look at the list of activities again. Work with a partner and ask each other these questions:

*ejemplo*▶

¿A qué hora te despiertas? Me despierto a las siete.

- ▶ ¿A qué hora te levantas?
- ▶ ¿A qué hora desayunas?
- ▶ ¿A qué hora vas a clase?
- ▶ ¿Comes en casa o en el colegio?
- ▶ ¿A qué hora cenas?
- ▶ ¿A qué hora te acuestas?

## Se despierta, se levanta, se ducha . . .

**3.5** Now describe your partner's daily routine.

| **I** | **you** | **he/she** |
|---|---|---|
| me despierto | te despiertas | se despierta |
| me levanto | te levantas | se levanta |
| me ducho | te duchas | se ducha |
| me visto | te vistes | se viste |
| voy al colegio | vas al colegio | va al colegio |
| llego a casa | llegas a casa | llega a casa |
| ceno | cenas | cena |
| me acuesto | te acuestas | se acuesta |

*ejemplo*▶

Se despierta a las seis y media. Se levanta a las siete. Se ducha y se viste. Desayuna y va al colegio a las ocho.

## La escuela y las asignaturas

**3.6** Listen to what the Spanish teenagers say about their favourite subjects. Link the name of each person to the subject they mention.

| | |
|---|---|
| ▶ José Manuel | ● la física |
| ▶ Isabel | ● la historia |
| ▶ Carlos | ● las matemáticas |
| ▶ Carmen | ● la química |
| ▶ Pablo | ● la biología |
| ▶ Elena | ● la gimnasia |
| ▶ Francisco | ● el inglés |
| ▶ Margarita | ● la geografía |

## ¿Cómo es tu escuela?

**3.7** Adapt what Beatriz says about her school in Salamanca and write a similar description of your own school or college. You will see that Beatriz uses the 'we' form of the verbs: '*entramos al colegio*' (we arrive at school), '*tenemos clase*' (we have lessons).

**Hola, ¿qué tal? Me llamo Beatriz. Vivo en Salamanca y estoy en el Instituto Vaguada de la Palma. Es una escuela mixta, hay chicos y chicas. Es bastante grande y bastante buena. Entramos al colegio a las nueve menos cuarto y tenemos clase hasta las dos y cuarto. Luego vamos a casa a comer. Por la tarde volvemos al colegio y tenemos clase de cuatro a seis.**

## El horario

**3.8** Look at the timetable and work out which of the following sentences are true and which are false.

| | 8.45–9.45 | 9.45–10.45 | 10.45–11.45 | 11.45–12.15 | 12.15–1.15 | 1.15–2.15 | 4.15–5.15 | 5.15–6.15 |
|---|---|---|---|---|---|---|---|---|
| **lunes** | inglés | matemáticas | lengua | recreo | biología | gimnasia | historia | francés |
| **martes** | matemáticas | lengua | inglés | recreo | religión | historia | química | latín |
| **miércoles** | gimnasia | geografía | matemáticas | recreo | francés | francés | – | – |
| **jueves** | química | inglés | historia | recreo | matemáticas | geografía | latín | biología |
| **viernes** | matemáticas | lengua | francés | recreo | inglés | religión | química | – |

| | verdadero | falso |
|---|---|---|
| ▶ El lunes a las nueve hay matemáticas. | | |
| ▶ El martes a las doce y cuarto hay religión. | | |
| ▶ Hay gimnasia el viernes a las diez. | | |
| ▶ El jueves hay francés a las cuatro. | | |
| ▶ Las clases empiezan a las nueve y media. | | |
| ▶ Las clases empiezan a las nueve menos cuarto. | | |
| ▶ Hay media hora de recreo. | | |
| ▶ El miércoles hay matemáticas a la una. | | |
| ▶ El viernes hay francés e inglés. | | |
| ▶ Las clases terminan a las seis y cuarto de la tarde. | | |

## Tu horario

**3.9** Write out your own timetable like the one above. Then work with a partner and ask each other questions such as:

- ▶ ¿Qué asignatura hay el lunes a las nueve?
- ▶ ¿A qué hora hay matemáticas el miércoles?

▶ ¿Qué asignaturas hay el viernes por la mañana?
▶ ¿Y por la tarde, qué hay?
▶ ¿A qué hora empiezan las clases por la mañana?
▶ ¿A qué hora terminan por la tarde?

## Me gusta el español

**3.10** Tell your partner which subjects you like and which you don't like: *ejemplo* ▶

Me gusta el inglés.
Me gusta la gimnasia.
No me gusta el francés.

## Los días de la semana

**3.11** Write the days of the week in the crossword. Saturday and Sunday are done for you.

## Por teléfono

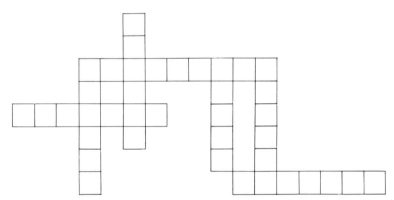

**3.12** Listen to the telephone conversation and then answer these questions.

▶ What is the name of the girl?
▶ What is the name of the boy?
▶ What does she do on Monday and Tuesday evening after school?
▶ On Wednesday is Carolina planning to go to bed early or do her homework?
▶ Who is Isabel?
▶ What does Carolina do on Fridays?

▶ Listen to the telephone conversation again and fill in Carolina's diary.

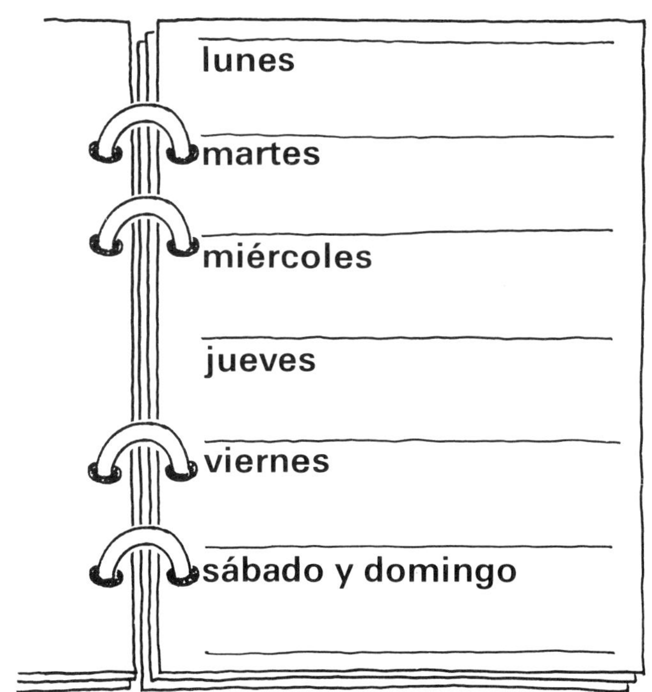


Voy a casa de Isabel.
Me acuesto temprano.
Hago los deberes.
Tengo una clase de ballet.
Tengo una clase de inglés.

## Tu propia agenda

**3.13** Write your own diary of events for this week.

## ¿Cómo estás?

**3.14** When Felipe phones Carolina he asks her *¿Cómo estás?* It means 'How are you?' Work with a partner and adapt the dialogue below by picking the response which best suits how you are feeling today.

**¡Fenomenal!** **Muy bien, gracias.** **Bien, gracias.** **¡Fatal!**

*ejemplo*▶

- ¡Hola! ¿Cómo estás?
- ¡Fenomenal! ¿Y tú?
- Estoy muy bien, gracias.

## Palabras extrañas

**3.15** Choose the odd word out in each group.

**a** Which one *isn't* a school subject?
- las matemáticas • el inglés • el horario • la historia

**b** Which one *isn't* a day of the week?
- lunes • jueves • viernes • mañana

**c** Which one *isn't* a meal?
- el recreo • el desayuno • la cena • la comida

**d** Which activity do you usually only do at night?
- me despierto • me levanto • me acuesto • desayuno

**e** Which activity *doesn't* involve writing?
- Hago los deberes. • Practico kárate.
- Tengo una clase de español. • Estudio francés.

## ¿Eres un alumno/una alumna ideal?

**3.16** Work with a partner. Take turns to ask each other the questions in the following quiz. Then look at the *'análisis'* and work out how many points you score.

**1** ¿Por la mañana te levantas temprano, te duchas, te peinas y desayunas?
- **a** Sí, siempre.
- **b** A veces.
- **c** No, nunca.

**2** ¿Llegas tarde al colegio . . .
- **a** todos los días?
- **b** una vez a la semana?
- **c** jamás?

**3** ¿Te duermes en clase . . .
- **a** siempre?
- **b** a veces?
- **c** nunca?

**4** ¿Haces los deberes . . .
- **a** temprano?
- **b** a tiempo?
- **c** tarde?

**5** ¿Para los exámenes estudias . . .
- **a** durante varias semanas?
- **b** durante varios días?
- **c** durante varias horas?

**6** ¿Hablas con los amigos . . .
- **a** durante el recreo?
- **b** en clase?
- **c** todo el tiempo?

**Análisis**

1 a = 3, b = 2, c = 1
2 a = 1, b = 2, c = 3
3 a = 1, b = 2, c = 3
4 a = 3, b = 2, c = 1
5 a = 3, b = 2, c = 1
6 a = 3, b = 2, c = 0

**De 13 a 18**

¡Sobresaliente! Eres un/a estudiante super organizado/a. Siempre eres puntual. Estudias mucho y te concentras bien. Pero eres demasiado estudioso/a a veces.

**De 8 a 12**

¡Muy bien! Eres un buen alumno/una buena alumna. Estudias bastante pero no eres obsesivo/a.

**De 5 a 7**

¡Eres un desastre! Debes estudiar más y ser más organizado/a.

## Language summary

| | |
|---|---|
| ▶ **¿Qué hora es?** | Son las doce/y cuarto/y media.<br>Es la una/y media/menos cuarto. |
| ▶ **¿A qué hora . . .** | |
| **te levantas/se levanta?** | Me levanto a las siete/se levanta a las siete. |
| **te despiertas/se despierta?** | Me despierto/se despierta a las seis. |
| **te duchas/se ducha?** | Me ducho/se ducha . . . |
| **te vistes/se viste?** | Me visto/se viste . . . |
| **te peinas/se peina?** | Me peino/se peina . . . |
| **desayunas/desayuna?** | Desayuno/desayuna . . . |
| **vas al colegio/va al colegio?** | Voy al colegio/va al colegio a las . . . |
| **cenas/cena?** | Ceno/cena . . . |
| **te acuestas/se acuesta?** | Me acuesto/se acuesta . . .<br>. . . tarde/temprano/a tiempo. |
| ▶ **La escuela y las asignaturas** | Me gusta . . ./mi asignatura favorita es . . ./<br>No me gusta . . .<br>la física, la historia, la química, el inglés, la gimnasia, la geografía, la biología.<br>Me gustan/no me gustan las matemáticas/los exámenes.<br>Hago/haces los deberes. |
| ▶ **Los días de la semana** | Lunes, martes, miércoles, jueves, viernes, sábado, domingo.<br>por la mañana<br>por la tarde |
| ▶ **¿Cómo estás?** | Estoy muy bien, gracias. |

# 4 El tiempo libre

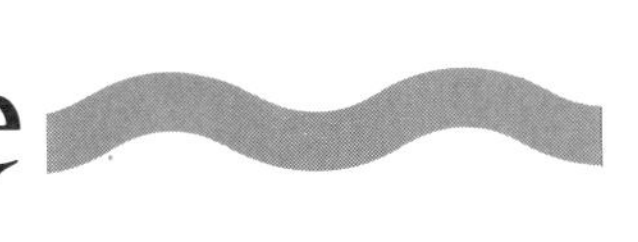

## ¿Qué hacen en su tiempo libre?

**4.1** Listen to the Spanish teenagers talking about what they do in their free time. Which of the hobbies does each person mention?

**Miguel . . .**

- practica el rugby.
- practica el fútbol y el baloncesto.
- escucha música.
- estudia mucho.

**Ana . . .**

- toca la guitarra.
- sale con sus amigos.
- practica la natación.
- va al cine o a una discoteca.

**José Manuel . . .**

- escucha música clásica y jazz.
- escucha música rock.
- va de compras.
- ve la televisión.

**Mari Carmen . . .**

- va a la playa.
- practica el voleibol.
- practica el esquí.
- practica el atletismo.

## Gramática

**4.2** Look at how the verb forms vary according to whether you are talking about yourself or describing what someone else does.

| **I** | **you** | **he/she/it** |
|---|---|---|
| Voy al cine. | Vas de compras. | Va a una discoteca. |
| Practico el tenis. | Practicas el fútbol. | Practica el baloncesto. |
| Escucho música. | Escuchas un disco. | Escucha música clásica. |
| Veo la televisión. | Ves un vídeo. | Ve la televisión. |
| Leo un libro. | Lees un periódico. | Lee una revista. |
| Toco la guitarra. | Tocas el violín. | Toca el piano. |

## Una encuesta

**4.3** Ask your classmates what they like doing in their spare time.

*ejemplo*▶

- ¿Qué haces en tu tiempo libre?

- Pues, *practico el tenis, salgo con mis amigos y escucho música.

*Note that '*Practico el tenis*' implies that the person plays tennis regularly, but '*Juego al tenis*' implies that they only play occasionally.

## Adivina

**4.4** Play a miming game with your class. Someone mimes an activity from the list on page 35. The rest of the class have to guess what he/she is miming. The person who is miming can only answer *sí* or *no*.

*ejemplo*▶

- ¿Juegas al tenis?
- No.
- ¿Juegas al baloncesto?
- Sí.

## ¿Qué haces los fines de semana?

**4.5** Pick out two activities from the list below to put with each of these headings:

▶ Los sábados . . . por la mañana ▶ Los domingos . . . por la mañana

▶ Los sábados . . . por la tarde ▶ Los domingos . . . por la tarde

- Me levanto temprano./Me levanto tarde.
- Estudio mucho./No estudio.
- Salgo con mis amigos./Me quedo en casa.

- Leo el periódico./Veo la televisión.
- Me acuesto temprano./Me acuesto tarde.

▶ Then ask your partner:
¿Qué haces los fines de semana?

## El fin de semana

**4.6** Read about what Ana María and Edwin usually do at weekends. Pick out the activities that are the same as what you do and those that are different.

**¡Hola! Me llamo Ana María Torres. Tengo 16 años y soy de Madrid. ¿Qué hago los fines de semana? Pues el sábado, por ejemplo, me levanto bastante temprano y después del desayuno voy a jugar al tenis con unos amigos. Vuelvo a casa a comer y por la tarde voy de compras con mis hermanas. Más tarde salgo con mis amigos y vamos al cine o vamos a bailar. Luego los domingos me levanto más tarde, justo a tiempo para ir a misa. Después comemos y muchas veces vienen mis abuelos o mis tíos y mis primos.**

**¡Hola! Me llamo Edwin Dávila. Tengo 17 años y soy de Venezuela. Pues a mí me gusta la playa. Y como aquí en Venezuela tenemos un clima muy bueno casi siempre voy a la playa los fines de semana. Voy con mis amigos o con mis hermanos. Y en la playa charlamos, jugamos al voleibol a veces, nos bañamos, practicamos el surfing, de todo.**

## El fin de semana ideal

**4.7** Write a short description in Spanish of your ideal weekend.

## ¿Qué hay para los jóvenes en tu pueblo?

**4.8** Listen to these Spanish teenagers talking about the facilities for young people in their home towns. Note down which facilities there are in each place.

**piscinas** **cines** **discotecas**

**campos de fútbol** **pistas de tenis**

**cafeterías**

**parques**

**pistas de esquí**

**windsurfing** **playas**

polideportivos

esquí acuático

tiendas

teatros

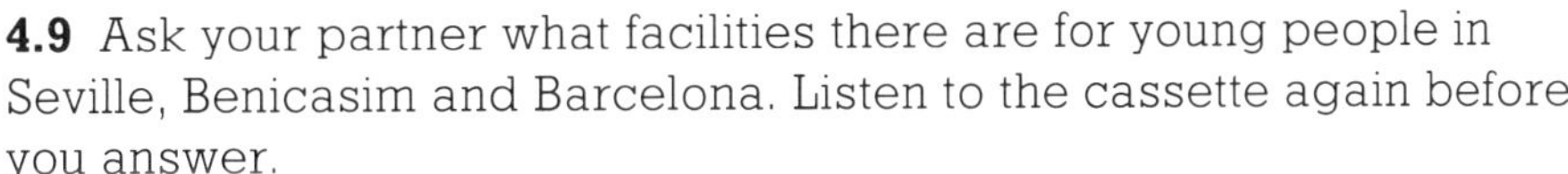

**4.9** Ask your partner what facilities there are for young people in Seville, Benicasim and Barcelona. Listen to the cassette again before you answer.

*ejemplo*▶

– ¿Qué hay para los jóvenes en Sevilla/Benicasim/Barcelona?

– Pues en Sevilla hay parques, hay piscinas, hay cines y discotecas.

## En mi pueblo

**4.10** Imagine you meet a Spanish student who is thinking of coming to stay in your home town on an exchange visit or to work as an au pair. He/she asks you about facilities for young people. What do you say? Work with a partner, taking turns to be the Spanish student.

*ejemplo*▶

– ¿Qué hay para los jóvenes en Birmingham/Glasgow/Bristol?

– Pues, hay muchas cosas. Hay cines, parques, piscinas . . .

## ¿Quieres salir esta tarde?

**4.11** Look at the picture story and then work out what the people are saying by choosing the correct words to complete each sentence below.

Then work with a partner and role play the dialogue.

- ¿Oye, Inma, quieres . . . esta tarde?
- Pues sí.
- ¿Qué quieres hacer? ¿Quieres ir . . . cine? ¿O prefieres ir a . . . ?
- Pues a mí . . . gusta mucho bailar.
- Vale, entonces vamos a bailar. Paso por tu casa a las . . . , ¿está bien?
- Sí, . . . bien.
- Hasta luego.
- Hasta luego.

**ocho** **muy** **me** **salir** **al** **bailar**

## ¿Qué ponen esta semana?

**4.12** Look at the advertisements for films and decide which one Jaime, Isabel and Mari Luz would like to see.

**Mari Luz**
**16 años**
A mí me gustan las películas policíacas y las películas románticas. Mis actores favoritos son Tom Cruise y Charlie Sheen. Mis películas favoritas son *Top Gun* y *El hombre de la lluvia.*

**Jaime Luján**
**17 años**
Me gustan mucho las películas de ciencia ficción, de aventuras y de dibujos animados.

**Isabel Vidal**
**15 años**
Me gustan las comedias y las películas de terror.

### Detrás De Las Noticias

(**Broadcast News;** 1987)
COMEDIA, DRAMA ★ ★ ★ 1/2
Tom Grunick (William Hurt) ingresa como corresponsal en una de las principales cadenas televisivas de noticias con sede en Washington y la productora (Holly Hunter) se enamora de él; aun cuando ambos poseen valores éticos muy distintos. Interviene también Albert Brooks y es dirigida por James L. Brooks, realizador de "La Fuerza Del Cariño". "Detrás De Las Noticias" fue nominada para varios Oscares, incluyendo Mejor Actriz (Hunter), Mejor Director y Mejor Película de 1987.

### Psicosis II

(**Pyscho II;** 1983)
SUSPENSE, TERROR ★ ★
Veintitrés años después de "Psicosis", Norman Bates (Anthony Perkins) es declarado mentalmente sano y liberado para que vuelva a manejar su misterioso motel, donde su madre desaparecida ha vuelto a hacer de las suyas.

### Pinocho Y El Emperador De La Noche

(**Pinocchio And The Emperor Of The Night;** 1987)
DIBUJOS ANIMADOS ★ ★ 1/2
Largometraje de dibujos animados de la productora Filmation Associates. El filme presenta nuevas aventuras de Pinocho, el muñeco dotado de vida.

### Wall Street: El Poder Y La Avaricia

(**Wall Street;** 1987)
DRAMA ★ ★ ★
Charlie Sheen ("Pelotón") interpreta a un joven que se debate entre la admiración y las enseñanzas de su padre (Martin Sheen) y la atracción que le provoca la forma de vida de un inescrupuloso especulador (Michael Douglas). Por su participación en esta película, Douglas ganó el Oscar al mejor actor. El director del filme es Oliver Stone ("Pelotón").

## ¿Cuáles son tus películas favoritas?

**4.13** Ask your partner about favourite films, actors and directors.

▶ ¿Qué tipo de películas te gustan?
▶ ¿Quién es tu actor favorito?
▶ ¿Quién es tu actriz favorita?
▶ ¿Quién es tu director favorito?
▶ ¿Cuáles son tus películas favoritas?

Use these words and phrases to help to answer each other's questions:

▶ Me gustan las películas . . .
- de ciencia ficción
- de terror
- de dibujos animados
- románticas
- policíacas
- de acción

▶ Mi actor favorito es . . .
▶ Mi actriz favorita es . . .
▶ Mi director favorito es . . .
▶ Mis películas favoritas son . . .

## Empareja los títulos

**4.14** Now look at these cinema listings from a Spanish newspaper. Can you match the film titles in Spanish with their English names?

*Jungle book*
*A fish called Wanda*
*Flowers in the attic*
*Gorillas in the mist*
*A hundred and one dalmatians*
*Who killed Roger Rabbit?*

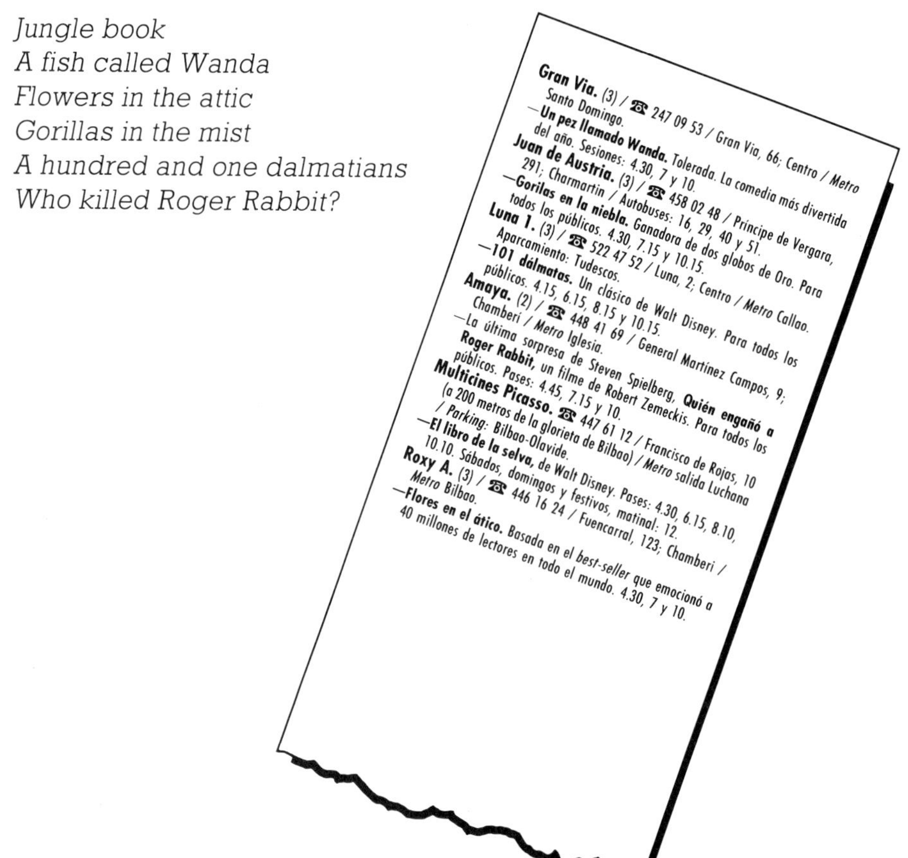

**Gran Via.** (3) / ☎ 247 09 53 / Gran Via, 66; Centro / Metro Santo Domingo.
—**Un pez llamado Wanda.** Tolerada. La comedia más divertida del año. Sesiones: 4.30, 7 y 10.
**Juan de Austria.** (3) / ☎ 458 02 48 / Príncipe de Vergara, 291; Charmartin / Autobuses: 16, 29, 40 y 51.
—**Gorilas en la niebla.** Ganadora de dos globos de Oro. Para todos los públicos. 4.30, 7.15 y 10.15.
**Luna 1.** (3) / ☎ 522 47 52 / Luna, 2; Centro / Metro Callao. Aparcamiento: Tudescos.
—**101 dálmatas.** Un clásico de Walt Disney. Para todos los públicos. 4.15, 6.15, 8.15 y 10.15.
**Amaya.** (2) / ☎ 448 41 69 / General Martínez Campos, 9; Chamberí / Metro Iglesia.
—La última sorpresa de Steven Spielberg, **Quién engañó a Roger Rabbit,** un filme de Robert Zemeckis. Para todos los públicos. Pases: 4.45, 7.15 y 10.
**Multicines Picasso.** ☎ 447 61 12 / Francisco de Rojas, 10 (a 200 metros de la glorieta de Bilbao) / Metro salida Luchana / Parking: Bilbao-Olavide.
—**El libro de la selva,** de Walt Disney. Pases: 4.30, 6.15, 8.10, 10.10. Sábados, domingos y festivos, matinal: 12.
**Roxy A.** (3) / ☎ 446 16 24 / Fuencarral, 123; Chamberi / Metro Bilbao.
—**Flores en el ático.** Basada en el *best-seller* que emocionó a 40 millones de lectores en todo el mundo. 4.30, 7 y 10.

## Quiero ver . . .

**4.15** Tell your partner which of the films listed you would like to see and explain why.

*ejemplos* ▶

- Quiero ver *Un pez llamado Wanda* porque me gustan las comedias.
- Quiero ver *El hombre de la lluvia* porque Tom Cruise/Dustin Hoffman es mi actor favorito.

## Una adivinanza musical

**4.16** Play a game of 'Twenty questions' in pairs or as a class activity. One person thinks of a singer or group and the others have to ask questions to work out who it is. You must answer *sí* or *no*.

Ask questions such as:

▶ ¿Es un grupo?

▶ ¿Es un cantante?

▶ ¿Es una cantante?

▶ ¿Toca/canta música pop?

▶ ¿Toca/canta música clásica?

▶ ¿Es de los Estados Unidos/Inglaterra/España?

▶ ¿Canta en inglés/español/francés/alemán?

▶ ¿Es muy famoso/a?

▶ ¿Toca música muy movida?

▶ ¿Canta canciones románticas?

## ¿Qué te gusta hacer en tu tiempo libre?

**4.17** Imagine your partner is a Spanish person you have met for the first time. Find out about interests, hobbies, taste in music and films.

Ask questions such as:

▶ ¿Qué haces en tu tiempo libre?

▶ ¿Qué deportes practicas?

▶ ¿Qué tipo de películas te gustan?

▶ ¿Qué tipo de música te gusta?

## Language summary

| | |
|---|---|
| ▶ **¿Qué haces en tu tiempo libre?** | Practico el fútbol/el tenis/el baloncesto.<br>Escucho música.<br>Toco la guitarra/el piano.<br>Leo.<br>Salgo con mis amigos.<br>Voy al cine/a la playa. |
| ▶ **¿Qué haces los fines de semana/los sábados/los domingos/por la mañana/por la tarde?** | Los fines de semana . . .<br>Los sábados por la mañana . . .<br>Los domingos por la tarde . . .<br>. . . me levanto temprano.<br>. . . salgo con mis amigos.<br>. . . voy de compras. |
| ▶ **¿Qué hay para los jóvenes en tu pueblo/ciudad?** | En mi pueblo/ciudad hay . . .<br>. . . cines, discotecas, cafeterías, bares, piscinas, polideportivos, playas, parques, pistas de tenis. |
| ▶ **¿Quieres salir esta tarde?**<br>▶ **¿Qué quieres hacer?**<br>▶ **¿Te gusta el cine/bailar?** | Pues a mí me gusta bailar/<br>el cine . . . |
| ▶ **¿Qué tipo de películas te gustan?** | Me gustan las películas de ciencia ficción, de terror, de dibujos animados, románticas, policíacas, cómicas, de aventuras.<br>No me gustan las películas de ciencia ficción. |
| ▶ **¿Quién es tu actor/actriz/ director favorito/a?** | Mi actor/actriz favorito/a es . . .<br>Mi director favorito es . . . |

# 5 Deportes

## ¿Qué sabes del deporte?

**5.1** Look at the list of sports in Spanish. Many of the words are similar to the equivalent words in English. But there are a few that are different. Read the following clues and then see if you can work out what all the words in the list mean.

*The list includes basketball, skating, swimming and motor racing.*
*balón = ball, cesto = basket, patines = skates, nadar = to swim.*

el boxeo
el tenis
el fútbol
el baloncesto
el voleibol
la natación
la equitación
el ciclismo
el kárate
el esquí
el patinaje
el judo
el automovilismo
la gimnasia
el atletismo
el golf
el béisbol
el fútbol americano
el rugby
el squash
la gimnasia rítmica

## Un quiz deportivo

**5.2** Listen to a radio sports quiz. Which of the sports from the list on page 45 are mentioned?

▶ Now listen to the sports quiz again and then choose the correct ending of each statement.

**a** Diego Maradona . . .
- es tenista.
- es atleta.
- es futbolista.

**b** Gabriela Sabatini practica . . .
- el fútbol.
- el tenis.
- el baloncesto.

**c** Fernando Valenzuela .
- practica el golf.
- practica el béisbol.
- practica el esquí.

**d** En la *Vuelta a España* y el *Tour de France* . . .
- participan ciclistas.
- participan futbolistas.
- participan tenistas.

**e** El kárate y el judo . . .
- son deportes acuáticos.
- son artes marciales.
- no son populares en España.

**f** En 1992 los Juegos Olímpicos de verano . . .
- tienen lugar en Francia.
- tienen lugar en Barcelona.
- tienen lugar en Colombia.

**g** El esquí y el patinaje . . .
- son deportes de invierno.
- no son deportes olímpicos.
- son deportes de verano.

## ¿Qué deportes practicas?

**5.3** Ask your partner which sports he/she plays. The list of sports on page 45 will help you.

*ejemplo*▶

- ¿Qué deportes *practicas?
- Practico el tenis y la natación. ¿Y tú?
- Pues practico el fútbol y el rugby.

*See note on page 49.

## Deportistas famosos

**5.4** Look at the list of famous sportsmen and women. Work with your partner and ask each other what each famous person's sport is.

*ejemplo*▶

- ¿Qué deporte practica Gary Lineker?

- Gary Lineker practica el fútbol.

▶ Arantxa Sánchez

▶ Yvonne Murray

▶ Ayrton Senna

▶ Mike Tyson

▶ Steffi Graf

▶ Hugo Sánchez

## Deportes y nacionalidades

**5.5** Organise a sports quiz in class. Write a list of famous sportsmen and women, like the one above, and ask what sport each person is famous for. To win a bonus point, say what each person's nationality is.

*ejemplo*▶

- ¿Qué deporte practica Seve Ballesteros?

- Seve Ballesteros practica el golf.

- ¿Y de qué nacionalidad es?/¿Qué nacionalidad tiene?

- Es español.

▶ Here is a list of nationalities to help you.

- alemán/alemana
- argentino/argentina
- australiano/australiana
- brasileño/brasileña
- canadiense
- escocés/escocesa
- estadounidense
- español/española
- francés/francesa
- galés/galesa
- inglés/inglesa
- irlandés/irlandesa
- italiano/italiana
- mexicano/mexicana

## ¿Qué deportes les gustan?

**5.6** Look at the picture of two sports enthusiasts. Then find all twelve sports they do in the word search.

| T | E | N | I | S | F | T | G | A | L | B | N | X |
|---|---|---|---|---|---|---|---|---|---|---|---|---|
| C | T | A | E | T | K | Q | O | I | W | E | A | F |
| B | É | I | S | B | O | L | L | Y | E | Q | T | D |
| W | M | C | A | D | P | E | F | C | Y | U | A | C |
| B | A | L | O | N | C | E | S | T | O | I | C | I |
| P | A | T | I | N | A | J | E | L | F | T | I | C |
| D | S | S | L | Y | L | K | L | G | E | A | Ó | L |
| C | E | C | N | M | K | O | K | A | S | C | N | I |
| A | F | Ú | T | B | O | L | Z | L | Q | I | J | S |
| K | J | P | M | N | T | E | P | L | U | Ó | I | M |
| V | O | L | E | I | B | O | L | A | Í | N | K | O |
| B | T | O | R | S | A | J | Y | Z | R | F | U | T |
| A | T | L | E | T | I | S | M | O | O | J | O | P |

## ¿Qué deportes practican?

**5.7** A school in Spain has prepared a cassette to send to its exchange school in Britain. On it the students are talking about the sports they do, when and where they play and other details.

You will hear them use the word *jugar* (to play). You can use *jugar* instead of *practicar* with some sports. For example, you can say: *Juego al fútbol, juego al tenis, juego al baloncesto.* You use *jugar* when you would say 'play' in English: I play tennis, football, and squash. You can use *practicar* with any sport that you do regularly. *Practico la natación, el atletismo, el boxeo y la gimnasia.*

Listen to the cassette and then decide which of the following sentences are true and which are false.

| | verdadero | falso |
|---|---|---|
| ▶ El béisbol es el deporte más popular en España. | | |
| ▶ Real Madrid es un equipo de fútbol. | | |
| ▶ Los jóvenes practican el baloncesto en el colegio. | | |
| ▶ En España los jóvenes no juegan al voléibol. | | |
| ▶ En el colegio juegan al fútbol. | | |
| ▶ En España practican la natación y el kárate. | | |
| ▶ En España no hay programas de deportes en la televisión. | | |

## Practico el fútbol y el tenis

**5.8** Work with a partner and prepare what you would say about the sports you do to record on a cassette to send back to the Spanish school. The students from the exchange school have sent you the following list of questions.

- ▶ ¿Qué deportes practicas en el colegio?
- ▶ ¿Juegas en algún equipo del colegio?
- ▶ ¿Practicas algún deporte todos los días?
- ▶ ¿Qué tipo de programas deportivos hay en la televisión?
- ▶ ¿Qué deportes practicas los fines de semana?
- ▶ ¿Cuál es el deporte más popular en tu país?
- ▶ ¿Qué deportes practicas en invierno?
- ▶ ¿Qué deportes practicas en verano?
- ▶ ¿Cuáles son tus equipos/deportistas favoritos?

## ¿Qué deportes se puede practicar?

**5.9** Read the information about two different holiday locations. Then choose the appropriate words from the list to complete the sentences below.

### ESPAÑA

**Baqueira Beret**
Vacaciones de invierno en los Pirineos
* Pistas de esquí para todas las habilidades
* Cursos de esquí

¡Además . . . Nuevo centro deportivo con 3 pistas de squash, 2 saunas y 1 gimnasio!

### LA REPÚBLICA DOMINICANA

**La Romana**
El mejor complejo del Caribe
* Un clima agradable durante todo el año
* Playas preciosas y lugares ideales para practicar el submarinismo, la pesca y el windsurfing
* 2 campos de golf de 18 hoyos
* Centro de equitación
* 14 piscinas
* 8 restaurantes

▶ En Baqueira Beret en España se puede . . .

▶ En La Romana en la República Dominicana se puede . . .

- jugar al golf
- practicar windsurfing
- nadar/practicar la natación
- jugar al tenis
- jugar al squash
- esquiar
- bailar
- hacer gimnasia
- practicar la equitación
- tomar una sauna

## Vacaciones ideales

**5.10** Read what four people say about their favourite sports and then choose the ideal holiday location for each from the brochure details on page 50.

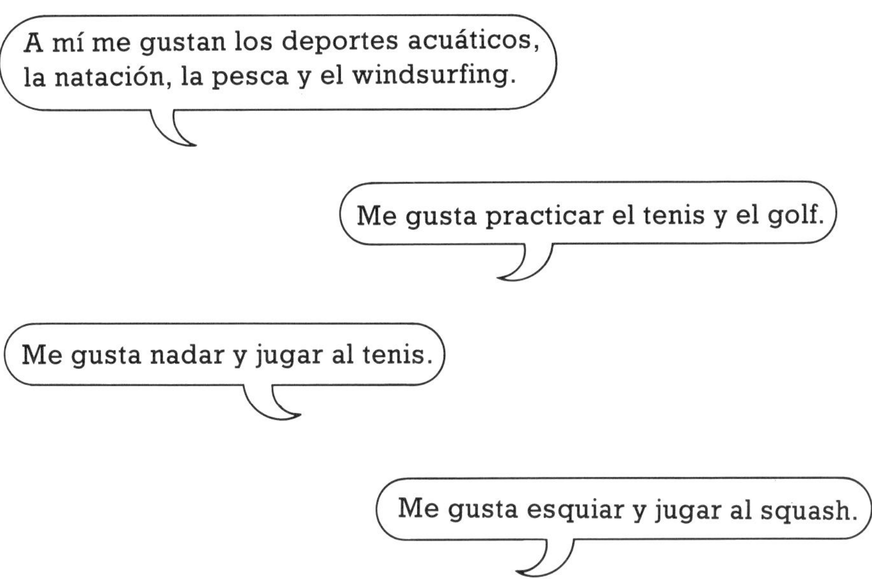

A mí me gustan los deportes acuáticos, la natación, la pesca y el windsurfing.
Me gusta practicar el tenis y el golf.
Me gusta nadar y jugar al tenis.
Me gusta esquiar y jugar al squash.


## Hablando de las vacaciones

**5.11** Work with a partner. Discuss your favourite sports and work out which holiday location would be best for each of you.

*ejemplo*▶

- ¿Te gusta esquiar?
- Pues prefiero la playa.
- ¿Qué deportes te gustan?
- Me gusta el tenis y el golf.
- Pues entonces La Romana es ideal para ti.

## Instalaciones deportivas

**5.12** Write a short description of the leisure facilities in your own town, using the language from the brochures and the phrases above to help you.

## Una encuesta

**5.13** ¿Cuál es el deporte ideal para ti? Look at the flowchart overleaf and find out.

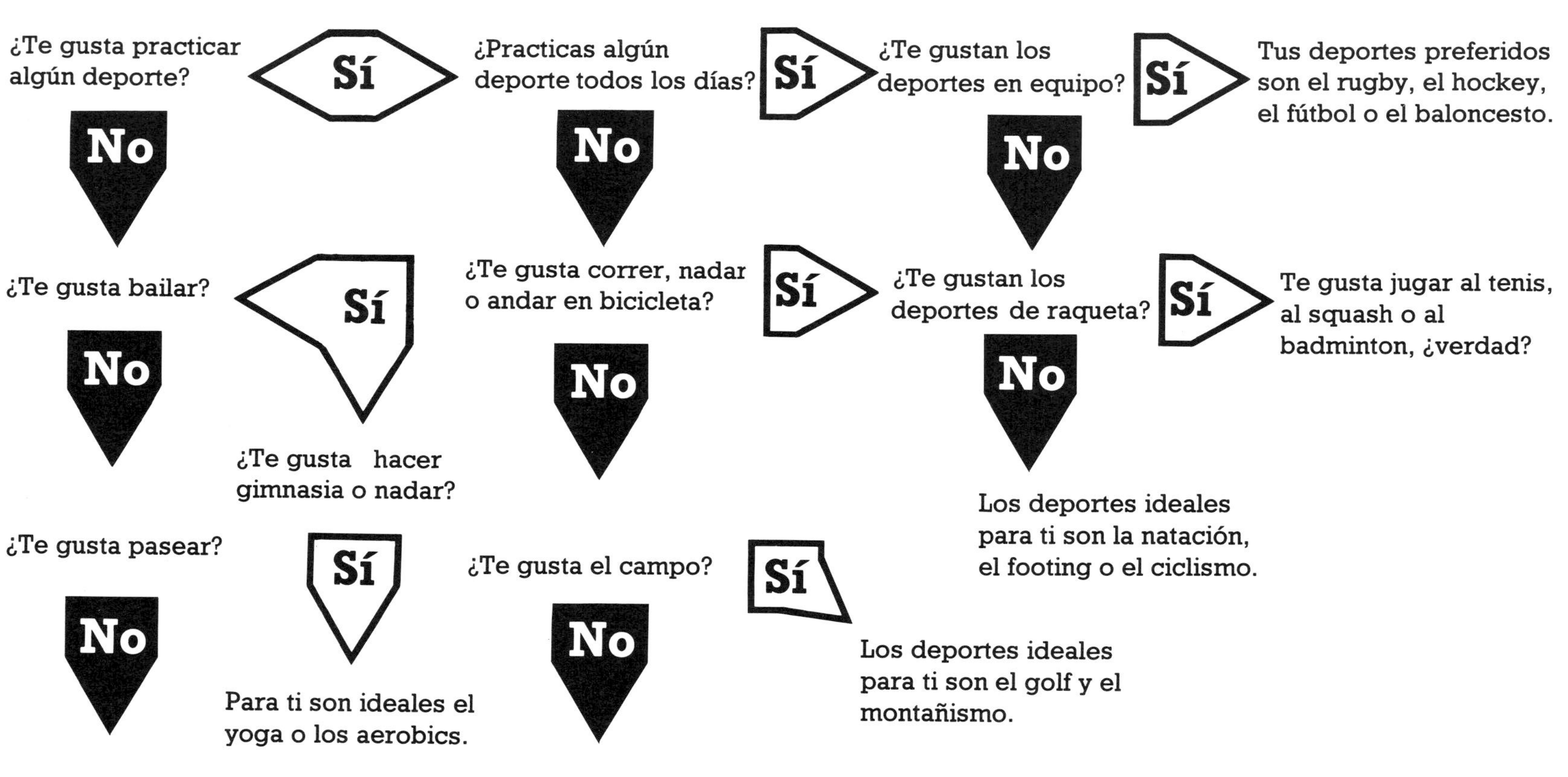
¿Te gusta practicar algún deporte?
Sí
¿Practicas algún deporte todos los días?
Sí
¿Te gustan los deportes en equipo?
Sí
Tus deportes preferidos son el rugby, el hockey, el fútbol o el baloncesto.
No
No
No
¿Te gusta bailar?
Sí
¿Te gusta correr, nadar o andar en bicicleta?
Sí
¿Te gustan los deportes de raqueta?
Sí
Te gusta jugar al tenis, al squash o al badminton, ¿verdad?
No
No
No
¿Te gusta hacer gimnasia o nadar?
Los deportes ideales para ti son la natación, el footing o el ciclismo.
¿Te gusta pasear?
Sí
¿Te gusta el campo?
Sí
No
No
Para ti son ideales el yoga o los aerobics.
Los deportes ideales para ti son el golf y el montañismo.
Un deporte ideal para ti es el futbolín o el ajedrez.
No te gustan los deportes activos. Quizás el pasatiempo ideal para ti es la pesca. Para este deporte es necesario sentarse tranquilo y tener mucha paciencia.

## Language summary

| | |
|---|---|
| ▶ **¿Qué deporte practica Gabriela Sabatini?** | Practica el tenis. |
| ▶ **¿Qué deportes practicas?** | Practico el fútbol y el baloncesto. |
| ▶ **¿Qué deportes practicas en el colegio?** | Practico el tenis y el rugby. |
| ▶ **¿Juegas en un equipo?** | Sí, juego en el equipo del colegio. |
| ▶ **¿Cuál es el deporte más popular en tu país?** | El fútbol es el deporte más popular en España. |
| ▶ **¿Qué se puede practicar en el Caribe/Baqueira Beret?** | Se puede practicar windsurfing/el golf/la natación/el esquí. |
| ▶ **En la República Dominicana/ Baqueira Beret/Milton Keynes hay . . .** | pistas de tenis/campos de golf/ playas/pistas de esquí/piscinas |
| ▶ **¿Te gustan los deportes?** | Sí, me gustan la natación y el atletismo. |
| ▶ **¿Te gusta nadar/correr/bailar?** | Me gusta nadar/correr/bailar/ jugar al tenis. |

# 6 Comer y beber

## ¿Qué van a tomar?

**Menú del día**

Ensalada mixta
Sopa de tomate
Paella de la casa

★★

Chuleta de cerdo con patatas
Pollo asado
Pescado variado

★★

Flan
Fruta
Helado

★★

Pan y vino

1000 pesetas

**6.1** Can you work out what is on the menu? You can probably guess some of the words. Here are all the names of the dishes in English. Write them in the order they appear on the menu.

- tomato soup
- fruit
- mixed salad
- pork chop with potatoes
- paella
- a selection of fish
- roast chicken
- ice cream
- bread and wine
- creme caramel

## Para mí

**6.2** Now listen to two people ordering from the menu. Answer the questions.

▶ What does the girl order for starter and main course?
▶ What does the boy order?
▶ What do they order for dessert?

## ¿Qué va a tomar usted?

¿Qué van a tomar?
Para mí paella y pescado.
Y para mí sopa y pollo.

**6.3** Work with a partner. Take turns to be the waiter and a customer. Order what you would like to eat from the menu. Look at the words in the speech balloons to help you.

## ¿Qué hay en una paella?

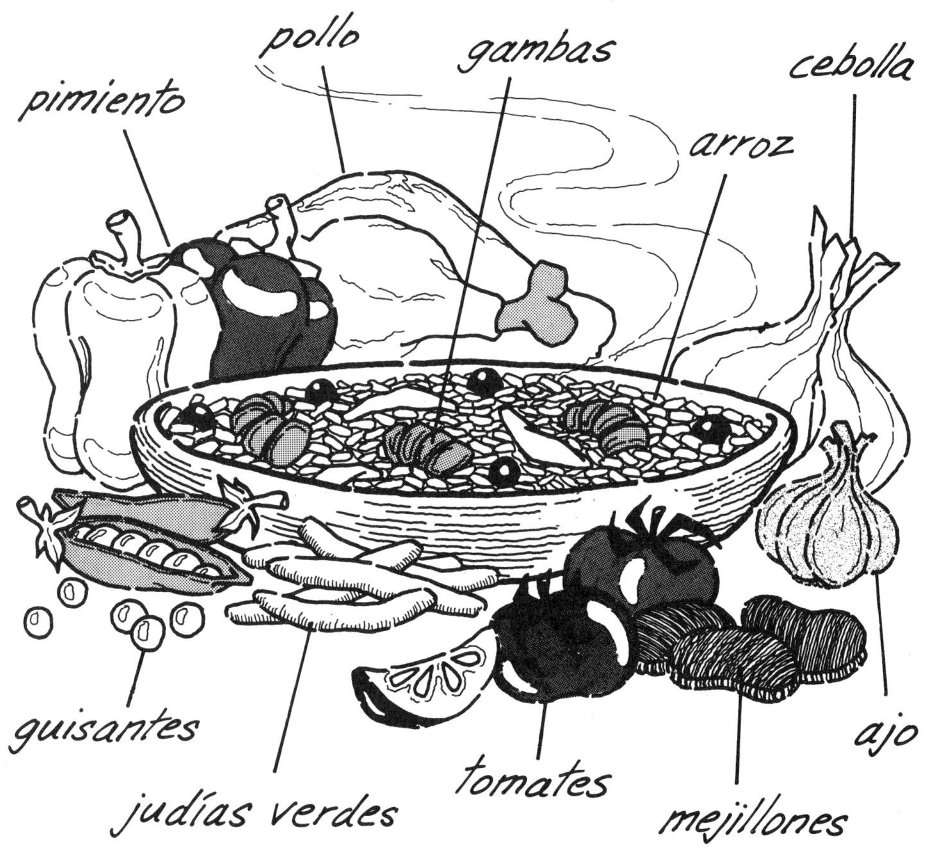


También – azafrán
sal
aceite de oliva

**6.4** Work with a partner. Take turns to be the waiter and a customer again. The customer wants to know what is in a paella and the waiter explains the ingredients.

*ejemplo*▶

CLIENTE ¿Qué hay en una paella?

CAMARERO Pues hay arroz, gambas, pollo . . .

## Las tapas

**Bar Los Deanes**

Deanes, n.º 4 (Barrio de la Judería)
A 100 metros de la Mezquita

| RACIONES Y PLATOS | P.V.P. |
|---|---|
| Jamón Serrano | 425 |
| Queso añejo | 425 |
| Champiñón | 275 |
| Boquerones en vinagre | 250 |
| Tortilla Española | 200 |
| 1/2 Churrasco | 350 |
| Ensaladilla | 225 |
| Flamenquín con guarnic. | 200 |
| Lomo y Huevo con guarni. | 325 |
| Salchicas con patatas | 200 |
| Hamburguesas(2) » | 225 |
| Huevos (2) con » | 150 |
| Lomo, Huevos y » | 325 |
| Huevos con Jamón | 300 |
| Huevos con Beicon | 250 |

| BOCADILLOS | P.V.P. |
|---|---|
| Jamón Serrano | 175 |
| Queso | 175 |
| Lomo Plancha | 165 |
| Hamburguesa | 150 |
| Jamón York | 125 |
| Salchichón | 125 |
| Chorizo | 125 |
| Tortilla Española | 100 |
| Tortilla Francesa | 100 |
| Beicon | 125 |
| Frankfurt (2) | 100 |
| Sandwich mixto | 150 |

pida nuestra
**Sangría y Zumo de Naranja Natural**

Gráficas Ariza, S. L.

**6.5** In most bars in Spain you can order a tasty snack to eat with a drink. These snacks are called *tapas*. A large serving of a tapa is called *una ración*. A larger serving is *un plato*. The list of tapas shown here is from a bar in Córdoba. The bar also serves *bocadillos*. A bocadillo is a large sandwich. Work with a partner.

One of you is the waiter at the *Bar Los Deanes* and one of you wants to order some tapas.

*ejemplo* ▶

– ¿Qué quiere usted?

– Una ración de jamón serrano, una ración de ensaladilla y un plato de boquerones, por favor.

Here is a glossary of some of the foods mentioned in the tapas list to help you choose what you want:

- jamón — ham
- queso — cheese
- champiñones — mushrooms
- boquerones — small fish
- tortilla española — Spanish omelette
- ensaladilla — russian salad (potatoes, carrots, peas, etc. in mayonnaise
- huevos — eggs
- lomo — loin (pork or beef)

## ¡Bingo!

**6.6** Practise the numbers in Spanish listed here. Draw a grid like the one shown and write numbers from the list in the squares. Choose any numbers. Then your teacher calls out numbers from the list in random order. If the numbers called out are the same as any in your grid, put a cross through the number. The first person to cross off all the numbers wins the game.

**20** veinte
**21** veintiuno
**22** veintidós
**30** treinta
**31** treinta y uno
**40** cuarenta
**50** cincuenta
**60** sesenta
**70** setenta
**80** ochenta
**90** noventa
**100** cien, ciento
**101** ciento uno
**110** ciento diez
**120** ciento veinte
**150** ciento cincuenta
**175** ciento setenta y cinco
**200** doscientos
**250** doscientos cincuenta
**300** trescientos
**400** cuatrocientos
**500** quinientos
**600** seiscientos
**700** setecientos
**800** ochocientos
**900** novecientos
**1000** mil

| | | | |
|---|---|---|---|
| 50 | 60 | 700 | 120 |
| 600 | 75 | 170 | 100 |
| 80 | 150 | 900 | 45 |
| 500 | 200 | 90 | 1000 |

## ¿Algo más?

**6.7** Look at the picture of fruit and vegetables on a market stall and listen to the conversation. Then answer the questions.

- ▶ What kind of vegetables does the woman buy?
- ▶ What kind of fruit does she buy?
- ▶ Why do you think the stallholder asks the woman if she has a large family?
- ▶ What is her reply to this question?

▶ Listen to the cassette again. Write down all the fruit and vegetables the woman orders and the quantities of each.

## Un kilo de tomates

**6.8** Work with a partner. Take turns to be the stallholder and a customer. Ask for the food on the shopping lists.

*ejemplo* ▶

EL TENDERO Hola, buenos días. ¿Qué quiere usted?

EL CLIENTE Buenos días. Quiero medio kilo de manzanas y un kilo de tomates, por favor.

EL TENDERO ¿Algo más?

EL CLIENTE No, nada más. ¿Cuánto es?

EL TENDERO Ciento cincuenta pesetas, por favor.

## ¿Qué te gusta comer?

**6.9** As you may have noticed already, there are several words in Spanish connected with food that either sound or look similar to the equivalent words in English. Look at the following list of Spanish words and see if you can work out what they mean.

la ensalada
la sopa
la mayonesa
las hamburguesas
el bistec
las salchichas
las sardinas
las patatas fritas
los tomates

la fruta
las peras
el yogur
el helado de chocolate
el té
el café solo
el café con leche
el agua mineral
el zumo de fruta

## Me gustan las salchichas

**6.10** Work with a partner. Ask each other whether or not you like the food and drinks mentioned in the list on page 60.

*ejemplo* ▶

- ¿Te gustan las salchichas?
- No, no me gustan. Prefiero las hamburguesas.

## Las comidas

**6.11** Now listen to a Spanish boy talking about the food he likes to eat at different meal times. Then complete the following statements.

**a** For breakfast (el desayuno) he has . . .

- tea and toast.
- coffee.
- coffee and toast.

**b** He has his main meal of the day (la comida) . . .

- at about 12.30.
- at about 2 o'clock.
- in the evening.

**c** For lunch (la comida) he has . . .

- coffee and a sandwich.
- soup, rice and fish.
- soup, rice and steak.

**d** For dessert at lunchtime he has . . .

- fruit or yogurt.
- rice pudding.
- ice cream.

**e** For supper he has . . .

- milk and a cake.
- fish or eggs.
- steak and chips.

**f** Supper (la cena) is . . .

- at 6 o'clock.
- at 8 o'clock.
- at 10 o'clock.

▶ Make a chart like this one. Tick what you usually eat at each meal, then listen to the cassette again and tick what the Spanish boy eats.

| | **Tú** | | | | **El chico español** | | | |
|---|---|---|---|---|---|---|---|---|
| | el desayuno | la comida | la merienda | la cena | el desayuno | la comida | la merienda | la cena |
| té | | | | | | | | |
| café | | | | | | | | |
| leche | | | | | | | | |
| cereales | | | | | | | | |
| pan | | | | | | | | |
| un bocadillo | | | | | | | | |
| sopa | | | | | | | | |
| arroz | | | | | | | | |
| ensalada | | | | | | | | |
| carne (bistec etc.) | | | | | | | | |
| hamburguesa | | | | | | | | |
| pescado | | | | | | | | |
| huevos | | | | | | | | |
| patatas | | | | | | | | |
| fruta | | | | | | | | |
| yogur | | | | | | | | |
| helado | | | | | | | | |
| un pastel | | | | | | | | |

## ¿Qué tomas en el desayuno?

**6.12** Compare what you eat with the Spanish boy's diet.

▶ Does he eat more or less than you for breakfast?

▶ Does he have a bigger lunch than you?

▶ Does he eat more sweet things and snacks than you?

▶ Do you eat more meat and fish than he does?

▶ Do you eat more fruit and vegetables than he does?

▶ What do you find interesting or surprising about the Spanish boy's diet and mealtimes?

## Comer bien

**6.13** Devise a healthy diet. Write a menu for each meal for a day, in Spanish. Then write down all the things you most like eating. Are your two lists similar or different?

## Crucigrama

**6.14** Complete the crossword by writing the names of the food and drinks shown in the drawings. Which drawing is missing?

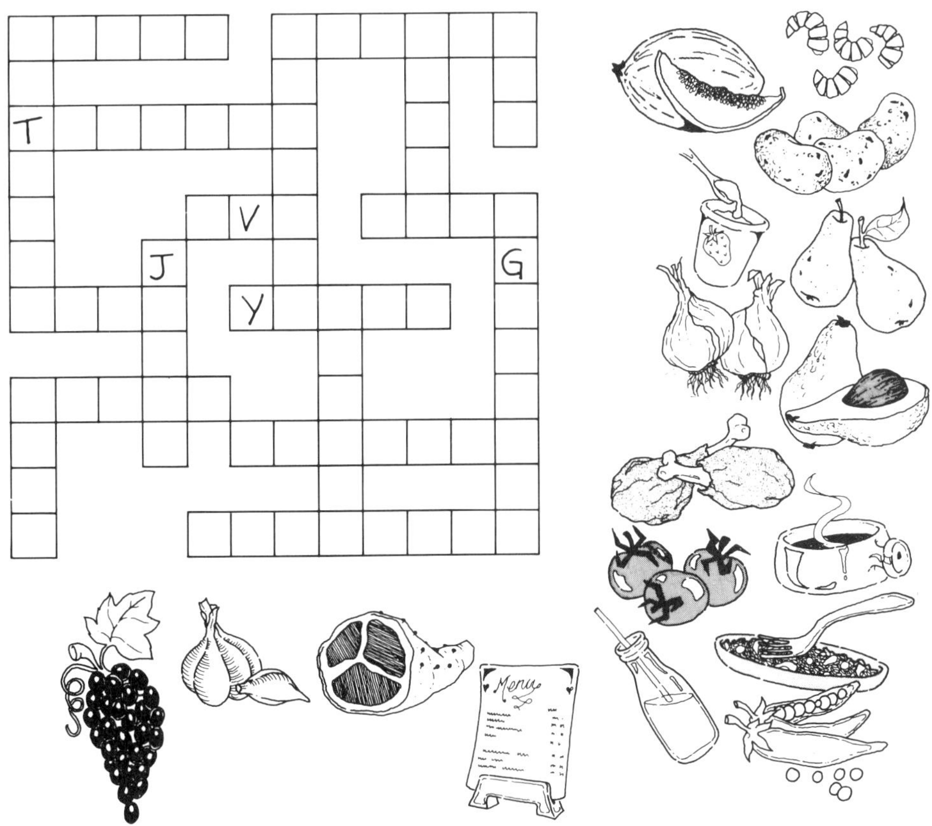

## En el restaurante

**6.15** Look at the scene of a busy restaurant. The waiters have forgotten what some of the customers have ordered. Read what the customers are saying and then work out which order is for each of them. Write down their names and the appropriate number for each order.

## ¿Tienen hambre?

**6.16** Look at the restaurant scene again and then answer the following questions.

- What does Ignacio order and why?
- Is Carmen feeling hungry or thirsty?
- Who is thirsty?
- What does Rosa say about what she's eating?

---

## Language summary

| | |
|---|---|
| **¿Qué van a tomar ustedes?** | Para mí, ensalada mixta y pollo. |
| **¿Y de postre?** | Para mí, fruta. |
| **¿Qué hay en una paella?** | Hay pollo, mejillones, gambas, cebollas, tomates, arroz, ajo. |
| **¿Qué quiere usted?** | Un kilo de patatas. |
| **¿Algo más?** | Sí, medio kilo de gambas. |
| **Los números del 30 al 1000** | |
| **¿Cuánto es?** | Son seiscientas pesetas. |
| **¿Qué te gusta comer?** | Me gusta la ensalada.<br>No me gustan las hamburguesas.<br>Prefiero las gambas. |
| **¿Qué te gusta tomar para el desayuno/la comida/la cena?** | En el desayuno tomo café con leche y pan tostado.<br>En la comida tomo un bistec y patatas fritas.<br>En la cena tomo pescado y ensalada. |
| **¿Tienes hambre? ¿Tienes sed?** | Tengo hambre. Para mí la paella.<br>Tengo sed. Un agua mineral, por favor.<br>Tengo sueño. Un café solo, por favor. |

# 7 Las compras

## ¿Qué tipo de ropa te gusta llevar?

**7.1** Several words for clothes in Spanish are similar to English words. For example, can you match up these Spanish words with their English equivalents? Look at the two lists.

| | |
|---|---|
| ▶ una chaqueta | ● hat |
| ▶ un jersey | ● pyjamas |
| ▶ un sombrero | ● jacket |
| ▶ un pijama | ● jersey |
| ▶ una blusa | ● trousers |
| ▶ un impermeable | ● swimsuit |
| ▶ un traje de baño | ● raincoat |
| ▶ unos pantalones | ● blouse |

## ¿Cuál es tu estilo?

**7.2** Look at the different kinds of clothes opposite and decide which one is most like your own favourite style of dressing.

- Te gusta la ropa práctica y de moda.
- Te gusta mucho la moda. Tienes un estilo personal y extrovertido.
- Te gusta la ropa elegante y formal.
- Te gusta la ropa cómoda. Eres una persona muy activa y la ropa deportiva te va muy bien.

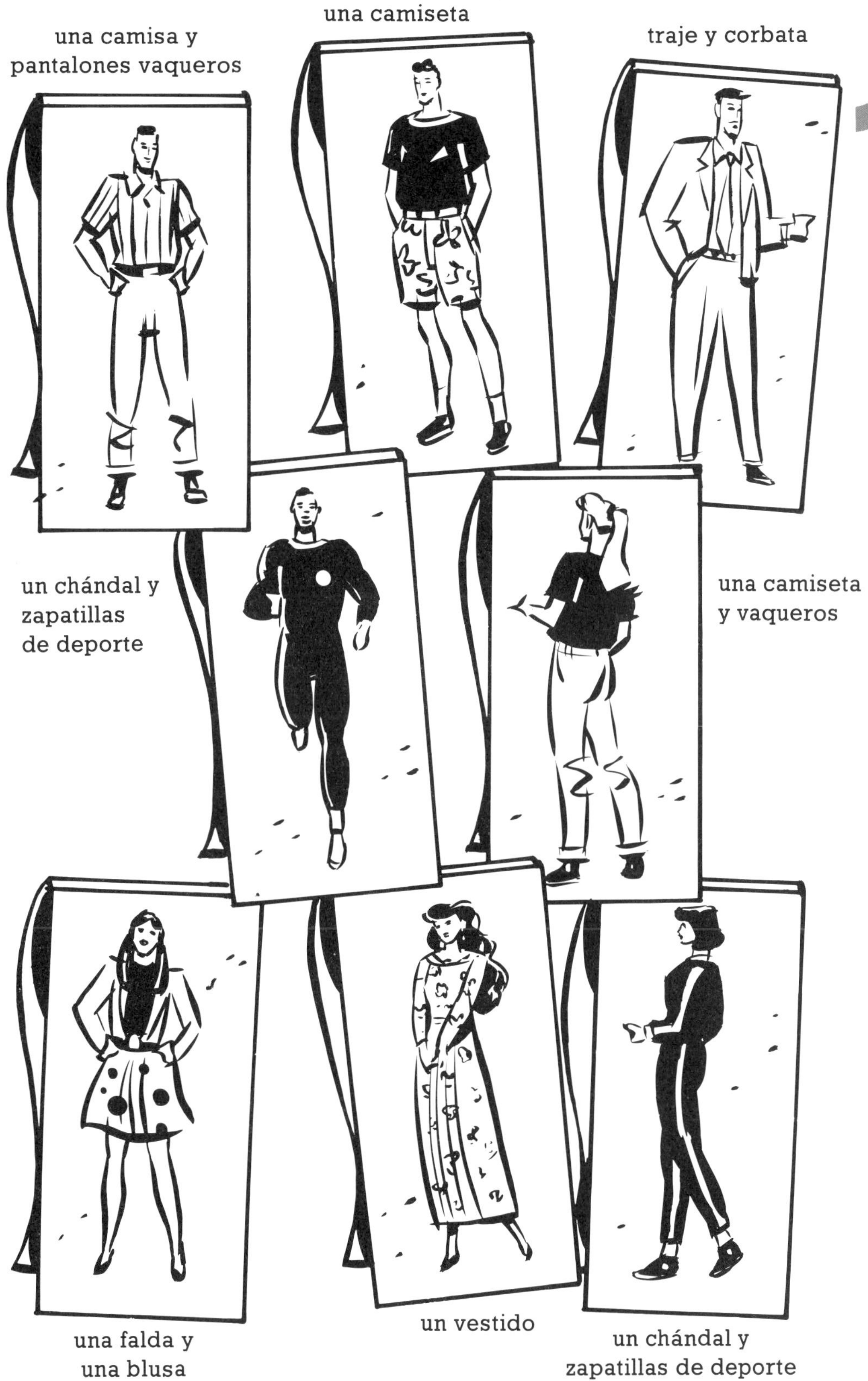

una camisa y pantalones vaqueros
pantalones cortos y una camiseta
traje y corbata
un chándal y zapatillas de deporte
una camiseta y vaqueros
una falda y una blusa
un vestido
un chándal y zapatillas de deporte

## Me gusta llevar vaqueros

**7.3** Work with a partner and tell each other what kind of clothes you like wearing. Use the words and drawings on the previous page to help you.

*ejemplo*▶

– ¿Qué tipo de ropa te gusta llevar?

– Pues a mí me gusta llevar vaqueros, una camiseta y zapatillas de deporte. ¿Y a ti?

## ¿Qué llevan?

**7.4** Four Spanish students are coming to stay in your home town on an exchange. They have sent descriptions of the kind of clothes they like wearing so that you can pick them out when they arrive at the airport. Read the descriptions and then work out which they are in the picture and the names of each of them.

**Elisa**

Me gusta estar a la moda. Me gustan los colores vivos, prefiero llevar una falda o un vestido. Me gustan los zapatos elegantes. No me gustan los pantalones ni los zapatos deportivos. Llevo muy poco maquillaje.

**Jaime** Este año la moda es llevar pantalones cortos y camisetas de colores luminosos.

**Pablo**

A mí me gustan los colores oscuros. Casi siempre llevo una chaqueta de cuero, unos pantalones negros o azules y, claro, las gafas de sol.

**Cristina**

El único color que me gusta es el negro. No me gustan ni las faldas ni los vestidos. Llevo siempre pantalones. Me gusta llevar maquillaje. Y el pelo lo llevo estilo "punkie".

## Mi estilo personal

**7.5** Write a short description of your own personal style and taste in clothes, like those written by Jaime, Pablo, Elisa and Cristina.

## ¿Qué llevas para . . .

**7.6** Work with a partner. Ask each other what kind of clothes you wear for different occasions and activities.

*ejemplo*▶

– ¿Qué llevas para . . .

- ir a la playa?
- jugar al fútbol/tenis?
- ir a una fiesta?
- ir al cine?
- salir con tu novio/novia y sus padres?
- pasar un fin de semana en casa?

– Para ir a una fiesta llevo vaqueros y una camisa/una falda y una blusa.

## Un juego

**7.7** Use the personal descriptions for a class game or quiz. Your teacher collects all the descriptions and then reads them out. The class has to guess who has written each description.

## ¿Qué talla quiere?

**7.8** Specific sizes for shoes and clothes in Spain are as follows:

**Las tallas**

| Inglaterra | España |
|---|---|
| 8 30″ | 36 |
| 10 32″ | 38 |
| 12 34″ | 40 |
| 14 36″ | 42 |
| 16 38″ | 44 |
| 18 40″ | 46 |

**Los números (para zapatos)**

| Inglaterra | España |
|---|---|
| 3 | 36 |
| 4 | 37 |
| 5 | 38 |
| 6 | 39 |
| 7 | 40 |
| 8 | 41 |
| 9 | 42 |
| 10 | 43 |

Imagine you want to buy a T-shirt while you are on holiday in Spain. Choose the appropriate words from the lists according to what you want to buy.

| | |
|---|---|
| La dependienta | Hola, buenos días. ¿En qué puedo servirle? |
| Tú | Buenos días. Quiero una camiseta. |
| La dependienta | Mire, aquí están. ¿Es para usted? |
| Tú | .................................................. **(Sí, es para mí. / No, es para mi padre/madre/hermano/hermana/un amigo/una amiga.)** |
| La dependienta | ¿Qué talla quiere? |
| Tú | .................................................. **(Muy grande/grande/mediana/pequeña.)** |
| La dependienta | ¿Y qué colores prefiere? |
| Tú | .................................................. **(el rojo/azul/verde/blanco/negro/amarillo/marrón/anaranjado)** |
| La dependienta | Mire éstas. A ver si hay alguna que le guste. |
| Tú | Me gusta esta camiseta. ¿Cuánto es, por favor? |
| La dependienta | Ésta vale dos mil quinientas pesetas. |
| Tú | .................................................. **(Muy bien, me la voy a llevar. / Es cara, no voy a comprarla, gracias.)** |
| La dependienta | Adiós. |
| Tú | Adiós. |

▶ Now work with a partner. Take turns to be the shop assistant and the customer and read out the dialogue again.

## Quiero unos zapatos

**7.9** Adapt the dialogue based on buying a T-shirt to buying: a skirt (*una falda*), a shirt (*una camisa*) or shoes (*unos zapatos*) in your own size.

*ejemplo* ▶

LA DEPENDIENTA ¿Qué talla quiere?

TÚ La cuarenta, por favor.

## ¿Es caro o barato?

**7.10** Look at the clothes and the prices in the picture. Work with a partner and say whether you think things are cheap (barato) or expensive (caro).

- ▶ La falda . . .
- ▶ La camiseta . . .
- ▶ La blusa . . .
- ▶ La camisa . . .

} es cara/es barata.

- ▶ El jersey . . .
- ▶ El traje de baño . . .
- ▶ El chándal . . .
- ▶ El vestido . . .

} es caro/es barato.

## ¿Qué tal le queda?

**7.11** Look at the drawings. What do you think each customer is saying?

- Es muy grande.
- Es muy caro.
- Es muy corto.
- Es muy pequeño.
- Es muy largo.
- Me queda muy bien.

## Es muy grande

**7.12** Now work with a partner. Take turns to be the shop assistant and the customer wanting to buy the clothes shown in the drawings.

– ¿Lo quiere?

– No, es muy grande/caro/corto/pequeño.

## ¿Qué se vende?

**7.13** Listen to the cassette. Pick out the items from the list that are mentioned. (There are four parts to this exercise.)

- raquetas de tenis
- zapatillas de deporte
- guitarras
- chándales
- sombreros
- gafas de sol
- crema para el sol
- maquillaje
- tomates
- manzanas
- naranjas
- peras
- aspirinas
- discos

▶ Listen to the cassette again and then decide which of the sentences are true (*verdadero*) and which are false (*falso*).

| | verdadero | falso |
|---|---|---|
| ▶ En *El Corte Inglés* se vende ropa deportiva. | | |
| ▶ En *El Corte Inglés* hay jerseys 'Lacoste'. | | |
| ▶ Hay melones a cien pesetas el kilo. | | |
| ▶ No hay manzanas. | | |
| ▶ Se venden gafas de sol. | | |
| ▶ Las aspirinas se venden en la farmacia. | | |

## ¿Tiene aspirinas?

**7.14** Now work with a partner. Take turns to be the customer and the shop assistant. Ask the assistant if they have the things on the list. The assistant replies *sí* or *no*, depending on whether the things appear with a tick or cross beside them in the pictures.

▶ sports shoes (zapatillas de deporte)
▶ T-shirts
▶ oranges
▶ aspirins
▶ sun cream

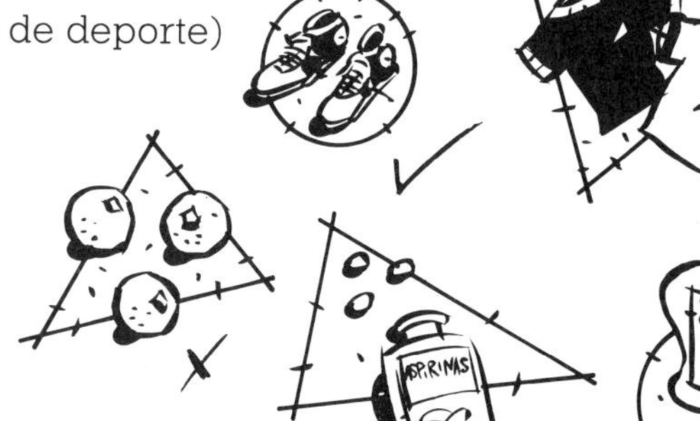

*ejemplo* ▶

EL CLIENTE ¿Tiene usted zapatillas de deporte?

EL ASISTENTE Sí, mire, aquí están. / No, lo siento. No tenemos zapatillas de deporte.

# ¿A qué hora se abre?

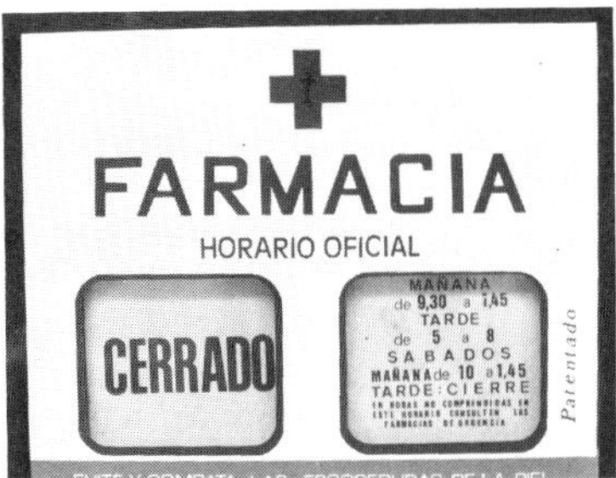

**7.15** Look at the signs saying when the shops are opened or closed. Then pick the correct answers from the list below each sign.

▶ La farmacia . . .

- se abre a las nueve.
- se abre a las nueve y media.
- se cierra a las dos menos cuarto.
- por la tarde se abre a las cinco.
- no se abre los sábados.
- no se abre los domingos.

▶ La tienda . . .

- se abre a las diez de la mañana.
- se cierra a la una.
- se abre a las cuatro de la tarde.
- se cierra a las ocho y media.
- no se abre los sábados por la tarde.

▶ Now work with a partner and ask each other what time each shop opens and in the morning and in the afternoon.

*ejemplo* ▶

– ¿A qué hora se abre la tienda por la mañana?
– La tienda se abre a las . . .

## Language summary

| | |
|---|---|
| ▶ **¿Qué tipo de ropa te gusta llevar?** | Me gusta llevar pantalones vaqueros y una camistea/faldas y vestidos/ traje y corbata/un chándal y zapatillas de deporte. |
| ▶ **¿En qué puedo servirle?** | Quiero una camiseta/un jersey/una falda/una camisa/unos zapatos. |
| ▶ **¿Es para usted?** | Sí, es para mí.<br>No, es para mi padre/madre/ hermano/hermana/amigo/amiga. |
| ▶ **¿Qué talla quiere?** | Muy grande/grande/mediana/ pequeña./La treinta y ocho./ La cuarenta. |
| ▶ **¿Qué número quiere?** | El treinta y siete./El treinta y ocho. |
| ▶ **¿Qué colores prefiere?** | El rojo/azul/verde/amarillo/negro/ blanco/gris/marrón/anaranjado. |
| ▶ **¿Es caro o barato?** | Es caro/a.<br>Es barato/a. |
| ▶ **¿Qué tal le queda?** | Es muy grande/pequeño.<br>Es muy corto/largo.<br>Me queda muy bien. |
| ▶ **¿A qué hora se abre la tienda/la farmacia?** | Se abre a las nueve. |
| ▶ **¿A qué hora se cierra la tienda/la farmacia?** | Se cierra a la una y media. |

# 8 Las vacaciones

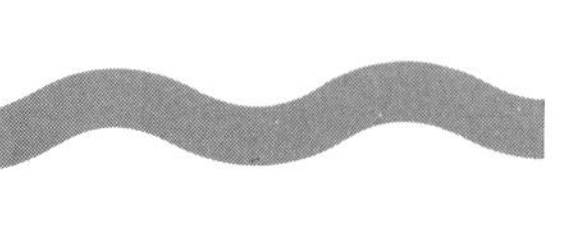

## Vamos a la playa

**8.1** Listen to the conversation on the cassette and then pick out the statements from the list below which refer to (a) the girl's holidays and (b) the boy's.

- El año pasado fui a Francia, Inglaterra y Escocia.
- Normalmente vamos a la playa.
- Vamos a la montaña.
- Es muy tranquilo en los Pirineos.

## ¿Dónde vas de vacaciones?

**8.2** Now work with a partner. Ask each other where you *usually* go for your holidays and what you did last summer.

*ejemplo* ▶

– ¿Dónde vas de vacaciones?

– Pues normalmente voy a Francia.

– ¿Fuiste a Francia el año pasado?

– No, el año pasado fui a España.

## Fui en tren

**8.3** Look at the ways of describing different means of transport in Spanish. Then work with your partner, and remembering what you both said about recent holidays, ask how he/she got there.

*ejemplo* ▶

– ¿Y cómo fuiste a Francia/los Estados Unidos/Skegness?

– Fui en tren/avión/barco.

**en taxi** **en autobús** **en helicóptero**

**en coche** **en bicicleta** **en moto**

**a caballo** **a pie** **a camello**

## ¿Qué te gusta hacer durante las vacaciones?

**8.4** Put the following list of activities in order of priority.

▶ Me gusta . . .
- ir a la playa
- tomar el sol
- comer bien
- ir de compras
- levantarme temprano
- levantarme tarde
- ir de paseo
- jugar al tenis
- ir a bailar
- leer
- hacer camping
- estar al aire libre
- visitar museos
- escalar montañas

## Me gusta tomar el sol

**8.5** Now work with a partner and ask each other what you like doing on holiday.

– ¿Qué te gusta hacer durante las vacaciones?
– Me gusta tomar el sol, comer bien y levantarme tarde. ¿Y tú?

## Apuntes personales

**8.6** Make a form like this one and fill it in.

**Mis pasatiempos preferidos son:** . . . . . . . . . . . . . . . . . . . . . . . . . . . . . .

**Los países/las ciudades que quiero visitar son:** . . . . . . . . . . . . . . . . . .

**Quiero ir de vacaciones en:** . . . . . . . . . . . . . . . . . . . . . . . . . . . . . **(mes)**

**Prefiero viajar en:** . . . . . . . . . . . . . . **(modo de transporte preferido).**

Then ask other students in your class the following questions and see if you can find your ideal holiday partner.

▶ ¿Cuáles son tus pasatiempos preferidos?/¿Qué te gusta hacer durante las vacaciones?
▶ ¿Qué países/ciudades quieres visitar?
▶ ¿Cuándo prefieres ir de vacaciones?
▶ ¿Cómo prefieres viajar?

## ¿Cómo fue y que vio?

**8.7** Listen to the boy and girl you heard on the cassette before. This time the boy is giving more details about his holiday last year. Then pick the correct answer to each of the following questions.

**a** El chico se fue de viaje . . .
- solo.
- con su familia.
- con sus amigos.

**b** Fue . . .
- en coche.
- en tren.
- en bicicleta.

**c** Estuvo en Francia, Inglaterra y Escocia . . .
- durante un mes.
- durante dos días.
- durante dos semanas.

**d** ¿Cuántas ciudades visitó?
- Siete.
- Seis.
- Ocho.

**e** ¿Qué vio en Londres?
- Oxford Street y Madame Tussauds.
- El Museo Británico.
- Harrods y El Palacio de Buckingham.

**f** ¿Qué tal tiempo tuvo?
- Muy malo.
- Bastante malo.
- Muy bueno.

## ¿Dónde fuiste de vacaciones el año pasado?

**8.8** Imagine you went to Mexico last year. Work with a partner. Answer your partner's questions about the holiday. Look at the holiday brochure to remind you of what you did. Then choose the correct words to complete your answers.

**MÉXICO – ACAPULCO**
Salidas
Todos los martes, jueves y sábados

**Día 1. ESPAÑA – MÉXICO**
Embarque en vuelo regular, clase turista con destino a Ciudad de México.

**Día 2. CIUDAD DE MÉXICO**
Por la mañana visita al Museo Nacional de Antropología. Tarde libre.

**Día 3. CIUDAD DE MÉXICO – TEOTIHUACÁN**
Excursión a las pirámides de Teotihuacán.

**Día 4. CIUDAD DE MÉXICO – ACAPULCO**
Traslado al aeropuerto y salida con destino a Acapulco.

**Días 5 al 8. ACAPULCO**
Días libres para visitar esta maravillosa ciudad. La sola palabra Acapulco evoca una imagen de sol, playas y clima tropical.

**Día 9. ACAPULCO – ESPAÑA**
Salida del aeropuerto con destino a España. Cena noche a bordo.

**Día 10. Llegada a ESPAÑA**

- ¿Dónde fuiste de vacaciones el año pasado?
- Fui a . . . (*España/México/los Estados Unidos*)
- ¿Y fuiste primero a Ciudad de México, o a Acapulco?
- Fui primero a . . . (*Ciudad de México, Acapulco, Miami*)
- ¿Qué viste allí?
- Vi . . . (*la catedral/el museo/el parque*)
- Y en Acapulco, ¿qué hay?
- Pues, hay . . . (*pirámides/ruinas aztecas/playas y un clima tropical*)

## ¿Dónde fuiste el año pasado?

**8.9** Work with a partner and tell each other where you really went last year, how you got there and what you did. Finish these sentences:

▶ El año pasado fui a . . .

▶ Fui en . . .

▶ Visité . . .

▶ Y me lo pasé muy . . . (bien/mal).

## ¿Qué tiempo hace?

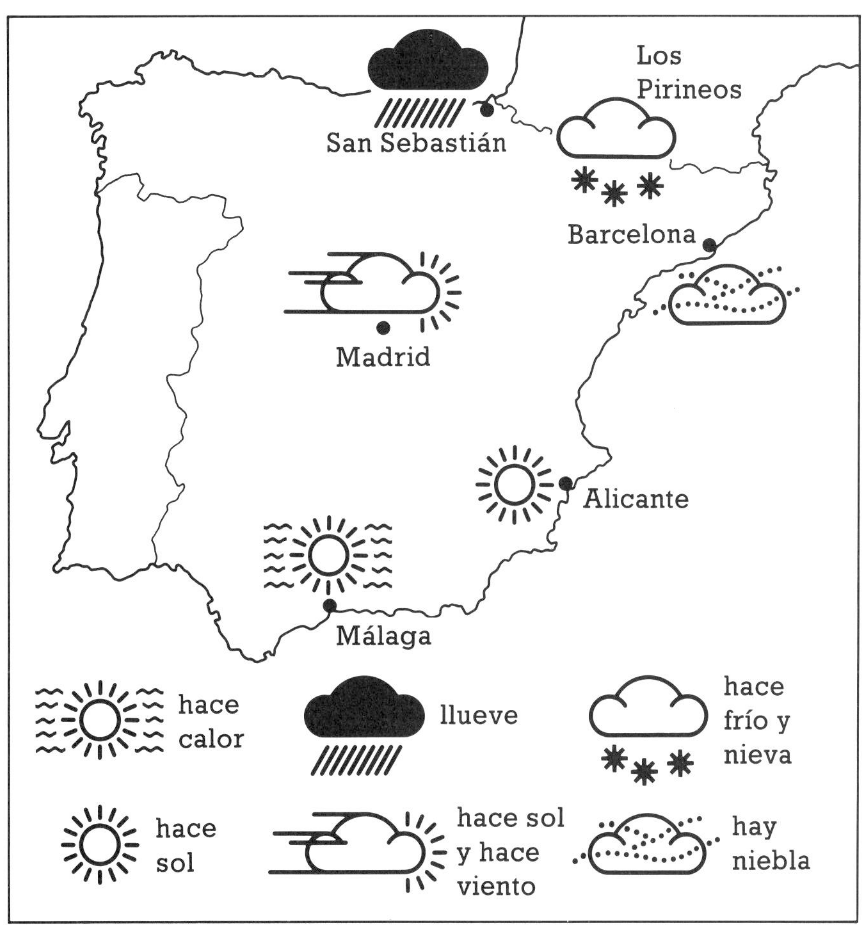

**8.10** Work with a partner. Ask each other what the weather is like in different parts of Spain.

*ejemplo* ▶

– ¿Qué tiempo hace en Madrid/Málaga/los Pirineos?

– Hace sol y hace viento./Hace calor./Hace frío y nieva.

## ¿Hace calor o hace frío?

**8.11** Now look at the temperature chart from a brochure on holidays in the Americas. Work out which of the following sentences are true and which are false.

TEMPERATURAS APROXIMADAS

| CIUDAD | ENERO | FEBRERO | MARZO | ABRIL | MAYO | JUNIO | JULIO | AGOSTO | SEPTIEMBRE | OCTUBRE | NOVIEMBRE | DICIEMBRE |
|---|---|---|---|---|---|---|---|---|---|---|---|---|
| ACAPULCO | 25 | 25 | 26 | 26 | 27 | 28 | 28 | 28 | 28 | 27 | 27 | 25 |
| BUENOS AIRES | 24 | 23 | 21 | 17 | 14 | 11 | 11 | 11 | 15 | 18 | 21 | 23 |
| CANAIMA (Venz.) | 24 | 26 | 26 | 27 | 29 | 29 | 28 | 27 | 27 | 27 | 26 | 26 |
| CARACAS | 20 | 21 | 21 | 22 | 24 | 24 | 23 | 22 | 22 | 22 | 21 | 20 |
| GUATEMALA | 19 | 20 | 20 | 21 | 22 | 22 | 21 | 21 | 21 | 20 | 20 | 19 |
| IQUITOS | 25 | 25 | 25 | 25 | 26 | 26 | 30 | 30 | 30 | 30 | 29 | 27 |
| LAS VEGAS | 8 | 11 | 14 | 19 | 23 | 27 | 32 | 31 | 27 | 21 | 13 | 8 |
| LOS ANGELES | 13 | 13 | 14 | 15 | 17 | 19 | 21 | 22 | 21 | 19 | 16 | 14 |
| MEXICO, D.F. | 12 | 14 | 17 | 18 | 19 | 19 | 18 | 17 | 15 | 14 | 13 | 12 |
| MONTREAL | −8 | −5 | −3 | 5 | 13 | 22 | 21 | 19 | 18 | 8 | 1 | −7 |
| NEW YORK | −1 | 2 | 4 | 10 | 17 | 21 | 24 | 23 | 19 | 14 | 8 | 2 |
| RIO DE JANEIRO | 25 | 27 | 25 | 25 | 22 | 22 | 20 | 21 | 21 | 22 | 24 | 25 |
| SAN FRANCISCO | 10 | 11 | 12 | 13 | 13 | 15 | 14 | 15 | 16 | 16 | 14 | 11 |
| SAN JUAN (P. Rico) | 23 | 23 | 24 | 24 | 26 | 26 | 27 | 27 | 26 | 26 | 25 | 24 |
| SANTO DOMINGO | 23 | 23 | 24 | 24 | 25 | 27 | 27 | 27 | 28 | 27 | 27 | 24 |
| TORONTO | −4 | −4 | 1 | 7 | 13 | 18 | 21 | 21 | 16 | 11 | 5 | 1 |
| WASHINGTON D.C. | 2 | 3 | 7 | 11 | 18 | 24 | 26 | 25 | 23 | 15 | 9 | 3 |

| | verdadero | falso |
|---|---|---|
| ▶ En enero hace calor en Acapulco. | | |
| ▶ Hace frío todo el año en Nueva York. | | |
| ▶ En enero hace mucho frío en Montreal. | | |
| ▶ De julio a octubre hace muchísimo calor en Iquitos. | | |
| ▶ En diciembre hace frío en Buenos Aires. | | |
| ▶ En junio y julio hace calor en México DF. | | |

## ¿Qué hay que llevar?

**8.12** Look at the list of things that a travel company recommends you take on one of their holidays. Which holiday do you think it applies to?

- **sombrero**
- **crema para el sol**
- **traje de baño y toalla**
- **zapatillas de deporte**
- **chaqueta impermeable, chubasquero y suéter**
- **repelente contra insectos**
- **medicamentos personales**
- **equipo de pesca**
- **linterna de mano con baterías de recambio**
- **máquina fotográfica**

- un fin de semana en París en abril
- un viaje a Nueva York y Washington en diciembre
- dos semanas en un hotel de lujo en Marbella
- el esquí en Austria
- un viaje al Amazonas en Sudamérica

## Hay que llevar

**8.13** Now write down the most important things from the list to take on each of the holidays shown above.

*ejemplo* ▶

Para dos semanas en un hotel de lujo en Marbella hay que llevar el traje de baño y crema para el sol.

## El juego de las vacaciones

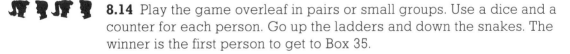

**8.14** Play the game overleaf in pairs or small groups. Use a dice and a counter for each person. Go up the ladders and down the snakes. The winner is the first person to get to Box 35.

| 31 | 32 | 33 | 34 Te levantas muy tarde. Pierdes el autobús. Vas al aeropuerto en taxi. | 35 Llegas a casa. El fin del viaje. |
|---|---|---|---|---|
| 30 Vas a una discoteca. ¡Te lo pasas muy bien! | 29 | 28 Hace frío y está nublado. No puedes ir a la playa. | 27 | 26 |
| 21 | 22 No tienes dinero y el banco está cerrado. | 23 | 24 | 25 |
| 20 Vas al mercado y compras fresas y manzanas. Son deliciosas. | 19 | 18 Tienes hambre. Comes una paella muy buena. | 17 | 16 Visitas la catedral y el museo. Son muy interesantes. |
| 11 | 12 | 13 | 14 Vas en barco. Hace viento y llueve. | 15 |
| 10 En el hotel hay una piscina y pistas de tenis. ¡Qué bien! A ti te gusta el deporte. | 9 | 8 Hace sol. Vas a la playa. | 7 | 6 Hay niebla. Esperas cinco horas en el aeropuerto. |
| 1 Empieza aquí. | 2 | 3 Llegas al aeropuerto pero no tienes el pasaporte. Está en casa. | 4 | 5 |

## Language summary

| | |
|---|---|
| ▶ **¿Dónde vas de vacaciones?** | Voy/vamos a la playa/a Francia/España. |
| ▶ **¿Dónde fuiste el año pasado?** | Fui a Escocia/los Estados Unidos/Skegness. |
| ▶ **¿Cómo fuiste?** | Fui en tren/en avión/en barco/en coche/en autobús. |
| ▶ **¿Qué te gusta hacer durante las vacaciones?** | Me gusta ir a la playa/tomar el sol/esquiar/ir a bailar. |
| ▶ **¿Qué tal fue el viaje?** | Me le pasé muy bien/mal. Fui a París/Edinburgo/México. Visité la catedral/el museo/las pirámides. |
| ▶ **¿Qué tiempo hace en Málaga/Nueva York/Iquitos?** | Hace sol./Hace calor./Hace frío./Llueve./Nieva./Hay niebla./Hace viento. |
| ▶ **¿Qué hay que llevar?** | Hay que llevar el traje de baño, las gafas de sol y un sombrero. |

# 9 Las fiestas

## ¿Cuándo es tu cumpleaños?

¿Cuándo es tu cumpleaños?
Mi cumpleaños es el 8 de diciembre.
Tome
Coca-Cola

**9.1** Ask your partner when his/her birthday is. Then find your partner's horoscope sign. Read out what the horoscope says and ask your partner if it is true.

*ejemplo* ▶

- ¿Cuándo es tu cumpleaños?

- Mi cumpleaños es el 27 de enero.

- A ver, tu signo es acuario. Eres independiente, organizado/a y perfeccionista. ¿Es cierto?

- Pues, sí. Soy independiente y perfeccionista pero no soy organizado/a.

# EL HORÓSCOPO

**Acuario**

**22 de enero al 21 de febrero**

Eres muy independiente. Eres organizado y perfeccionista. Tienes un gran sentido del humor pero a veces eres un poco pesimista.

**Piscis**

**22 de febrero al 20 de marzo**

Eres muy simpático y tienes muchos amigos. Eres estudioso y eres una persona muy movida. A veces te pones un poco nervioso.

**Aries**

**21 de marzo al 20 de abril**

Eres inteligente, dinámico e independiente. Pero no tienes mucha paciencia.

**Tauro**

**21 de abril al 20 de mayo**

Eres responsable y trabajador. Eres una persona muy decidida pero a veces eres muy posesivo.

**Geminis**

**21 de mayo al 21 de junio**

Eres generoso y amable. Trabajas mucho y eres un poco tímido. Eres bastante creativo. Te gustan los niños.

**Cáncer**

**22 de junio al 22 de julio**

Eres alegre y abierto. Tienes un gran sentido del humor. Te gusta la moda y la ropa elegante.

**Leo**

**23 de julio al 22 de agosto**

Eres dinámico e independiente. También eres muy generoso. A veces eres muy serio. Eres optimista.

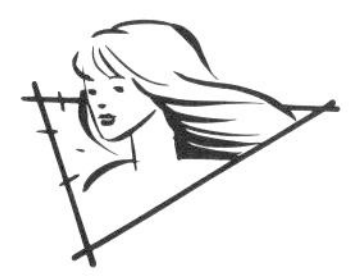

**Virgo**

**23 de agosto al 21 de septiembre**

Eres amable y creativo. Eres muy optimista. Te gusta la música y el arte. Muchas personas de este signo son muy guapas.

**Libra**

**22 de septiembre al 22 de octubre**

Eres una persona muy animada. Te gustan las fiestas y te gusta salir con los amigos. También eres práctico y sensato.

**Escorpio**

**23 de octubre al 21 de noviembre**

Eres inteligente y ambicioso. Eres alegre y dinámico. Te gustan la ropa elegante, los colores vivos y los viajes.

**Sagitario**

**22 de noviembre al 23 de diciembre**

Eres muy simpático y siempre estás de buen humor. Eres elegante y organizado. Eres un buen amigo. Te gustan los deportes.

**Capricornio**

**23 de diciembre al 21 de enero**

Eres abierto, simpático y trabajador. Eres muy independiente y creativo. Te interesan las ideas nuevas y la política.

## Las fechas

**9.2** Look at the calendar and then work with your partner and ask when the following are.

**diciembre**

| domingo | lunes | martes | miércoles | jueves | viernes | sábado |
|---|---|---|---|---|---|---|
| | | | | | **1** | **2** |
| **3** | **4** | **5** | **6** | **7** | **8** | **9** |
| **10** | **11** | **12** | **13** | **14** | **15** | **16** |
| **17** | **18** | **19** | **20** | **21** | **22** | **23** |
| **24** Nochebuena | **25** Día de Navidad | **26** | **27** | **28** | **29** | **30** |
| **31** Nochevieja | | | | | | |

**enero**

| domingo | lunes | martes | miércoles | jueves | viernes | sábado |
|---|---|---|---|---|---|---|
| | **1** Año Nuevo | **2** | **3** | **4** | **5** | **6** Día de Reyes |
| **7** | **8** | **9** | **10** | **11** | **12** | **12** |
| **14** | **15** | **16** | **17** | **18** | **19** | **20** |
| **21** | **22** | **23** | **24** | **25** | **26** | **27** |
| **28** | **29** | **30** | **31** | | | |

*ejemplo*▶

– ¿Cuándo es Nochebuena?

– Es el 24 de diciembre.

## La Navidad en España

**9.3** Listen to the dialogue about Christmas in Spain. All the interviewer's questions are shown here. Can you complete the answers by filling in the correct missing words?

▶ ¿Cómo celebras la Navidad en tu casa?
Tenemos una cena especial en . . . . . . . . . .

▶ ¿Y qué comes?
Comemos . . . . . . . . . ., pescado, pavo y después turrón.

▶ ¿Y vas a misa?
Sí claro. Vamos todos a la misa del gallo a las . . . . . . . . . . de la noche.

▶ ¿Y tienes regalos?
No, no tenemos . . . . . . . . . . en Nochebuena ni el Día de Navidad.

▶ ¿Tienes regalos en Reyes?
Sí, el Día de Reyes, el 6 de . . . . . . . . . .

## ¿Cómo celebras la Navidad?

**9.4** Draw a form like this one and compare your Christmas traditions with the celebrations the girl describes in the interview on the cassette. Tick the appropriate boxes.

| | En mi casa | En España |
|---|---|---|
| Hay una cena especial en Nochebuena. | | |
| Hay una comida especial el Día de Navidad. | | |
| Viene toda la familia a la casa. | | |
| Se come mucho. | | |
| Se come pavo. | | |
| Todos van a la misa del gallo. | | |
| Hay regalos en Navidad. | | |
| Hay regalos en Reyes. | | |

▶ Now work with a partner and ask each other how you celebrate Christmas at home. (If you do not celebrate Christmas, ask about another important festival you celebrate at home.)

## Crucigrama

**9.5** Complete the crossword puzzle by writing all the months of the year in the grid. Which month is missing?

## ¿Qué vas a hacer en el futuro?

**9.6** Some people believe they can predict what is going to happen in the future. Others disagree. Whatever your opinions about fortune telling, here is a game to play for fun (and not to be taken seriously).

▶ You need two dice and two or more players. The numbers you score when you roll the dice correspond to the following 'predictions' about the future. Each player can roll the dice three times to find out three predictions for their future.

**dos** Vas a ser famoso, en el cine, en la televisión o en el teatro.

**tres** ¡Felicidades! Vas a tener muchos amigos toda tu vida.

**cuatro** Vas a viajar mucho a países lejanos y muy interesantes.

**cinco** Vas a trabajar mucho y vas a aprobar un examen bastante importante. ¡Enhorabuena!

**seis** Este año vas a aprender algo nuevo, a esquiar, a hacer windsurf o a tocar algún instrumento musical.

**siete** Alguien de tu familia va a tener un bebé.

**ocho** Vas a tener unas vacaciones estupendas este año.

**nueve** Vas a recibir una carta o una llamada por teléfono importante mañana.

**diez** En el verano vas a realizar una de tus mayores ambiciones.

**once** ¡Qué suerte! Vas a recibir dinero.

**doce** ¡Vas a salir con un chico/una chica que te gusta mucho!

## Voy a . . .

**9.7** Choose four of the predictions that you would most like to happen to you. Write them down in order of priority. Then compare your list with your partner's. Use *Voy a . . .* (I'm going to . . .) instead of *Vas a . . .* (You're going to . . .).

*ejemplo* ▶

Voy a viajar a muchos países lejanos y muy interesantes.

## ¿Vas a tener una fiesta?

**9.8** Listen to what the girl on the cassette says she needs for her party. Tick or write down all the things from the list mentioned on the tape.

▶ Now imagine your partner is having a party and ask him/her if he/she needs the items in the pictures.

**platos**

**vasos**

**cuchillos**

**servilletas**

**Fanta de limón**

**tenedores**

**aceitunas**

**zumo**

**queso**

**la tarta**

**jamón**

**patatas fritas**

*ejemplo* ▶

- ¿Necesitas platos y servilletas?
- Ah, sí. Necesito platos y servilletas.

## La tuna

**9.9** Read the description of a *tuna* and then answer the questions.

- What is a *tuna*?
- What do they do?
- What do they wear?
- What do they sing?
- What do the girls do when they hear the tuna?

### La tuna

La tuna es un grupo de chicos, estudiantes normalmente, que cantan canciones muy románticas y populares. Van vestidos con trajes negros y capas de muchos colores que recuerdan la moda del siglo diecisiete. Cada Universidad en España tiene su grupo de tuna que participa en concursos de tunas en Todo el país. Por la noche las tunas dan serenatas a las chicas, que salen a los balcones cuando oyen a la tuna cantar. Es una tradición muy bonita que alegra a jóvenes y a mayores.

## La serenata

**9.10** On the cassette you will hear a telephone conversation between two boys, Javier and Pablo. They are arranging a surprise for a friend, Mari Carmen.

Listen to the cassette and then decide which of the following sentences are true and which are false.

| | verdadero | falso |
|---|---|---|
| ▶ Pablo llama a Javier por teléfono. | | |
| ▶ Los chicos van a comprar un regalo para Mari Carmen. | | |
| ▶ Van a dar una serenata para Mari Carmen. | | |
| ▶ Van a reunir en la plaza a las doce. | | |
| ▶ Sólo Javier va a ir a la casa de Mari Carmen. | | |
| ▶ Pablo va a llevar su guitarra. | | |

## ¿Quieres ir al cine mañana?

**9.11** Now work with your partner. Practise making arrangements to meet a friend by adapting the following conversation. Replace the names *Guillermo* and *Teresa*, with your name and your partner's. Refer to any of the films listed or to a film showing locally that you want to see.

**El turista accidental**, con William Hurt y Kathleen Turner. Para todos los públicos. A las 4.15, 7 y 10.30.

**Arde Mississippi**. Un filme de Alan Parker. Con Gene Hackman y William Dafoe. No recomendada menores 18 años. A las 5, 7.30 y 10.

**Las amistades peligrosas**. Nominada para 7 oscars. No recomendada a menores de 13 años. 4.30, 7.15 y 10.15.

**Los aristogatos**, de Walt Disney. 4.15, 7 y 10.

- Hola, soy Teresa. ¿Está Guillermo, por favor?
- Sí, Teresa. Soy yo.
- Oye, Guillermo, ¿quieres ir al cine mañana? Ponen *¿Quién engaño a Roger Rabbit?* con Bob Hoskins.
- Sí. ¿A qué hora empieza?
- A las cinco y media.
- Entonces nos vemos en el cine a las cinco y cuarto. ¿Está bien?
- Sí, muy bien. Hasta mañana entonces.
- Sí, adiós. Hasta luego.

## ¡Felicidades!

**9.12** Listen to the cassette again to hear what happened when Pablo, Javier and their friends went to Mari Carmen's house. Then see if you can match up the Spanish with the equivalent English expressions.

**¡Feliz cumpleaños!** **Gracias.** **Pasa.**

**¡Felicidades!** **¿Vale?** **Thank you.**

**Happy Birthday!** **Greetings!** **OK?** **Come in.**

## ¿Qué se dice?

**9.13** Write the appropriate words for each speech balloon.

## Language summary

| | |
|---|---|
| ▶ **¿Cuándo es tu cumpleaños?** | Mi cumpleaños es el 8 de diciembre. |
| ▶ **¿Cuándo es Nochebuena/la Navidad/Nochevieja/Año Nuevo?** | Es el 24 de diciembre./Es el 25 de diciembre./Es el 31 de diciembre./ Es el 1° de enero. |
| ▶ **¿Cómo celebras la Navidad?** | Tenemos una cena/una comida especial. |
| ▶ **¿Qué comes?** | Comemos mucho: pavo, turrón. |
| ▶ **¿Vas a misa?** | Sí, vamos a la misa del gallo. |
| ▶ **¿Tienes regalos?** | No tenemos regalos el Día de Navidad.<br>Tenemos regalos el Día de Reyes. |
| ▶ **¿Qué vas a hacer en el futuro?** | Voy a viajar mucho. |
| ▶ **¿Vas a tener una fiesta?<br>¿Necesitas servilletas y platos?** | Sí, y necesito vasos y tenedores. |
| ▶ **¿Está Javier, por favor?** | Sí, soy yo. |
| ▶ **¿Quieres ir al cine mañana?** | |
| ▶ **¿A qué hora empieza?** | A las 5.30. |
| | ¡Felicidades! ¡Enhorabuena!<br>¡Feliz cumpleaños!<br>¡Feliz Navidad! ¡Feliz Año Nuevo! |

# 10 La ciudad y el pueblo

## ¿Qué prefieres, la ciudad o el campo?

**10.1** Listen to the debate about the advantages of living in a city or in the country. Write down two headings: *En la ciudad* and *En el campo*. Then put these words under the appropriate heading.

- mucho que hacer
- cines
- discotecas
- polideportivos
- parques
- sitios bonitos
- pescar
- montar a caballo
- montar en bicicleta
- mucho tráfico
- aire puro
- es peligroso
- paisaje bonito
- tranquilo
- aire contaminado

▶ Listen to the debate again. Write down the ideas you agree with by adding the appropriate words used in the debate to the notes you have made under the two headings in the previous activity.

*ejemplo* ▶

| **En la ciudad** | **En el campo** |
|---|---|
| Hay mucho que hacer. | No hay mucho tráfico. |

**10.2** Now work with a partner and ask each other whether you prefer living in a city or in the country.

*ejemplo* ▶

- ¿Prefieres el campo o la ciudad?
- Prefiero el campo.
- ¿Por qué?
- Porque me gustan los animales y porque es más tranquilo.

**10.3** Write about the city, town or village where you live. Say what you like or dislike about living there.

## ¿Te gustan los animales?

**10.4** Read what these three teenagers say about their pets. Then work with a partner. One of you asks the questions and the other answers the questions as if you were the people in the pictures.

*ejemplo* ▶

(Susana)

- ¿Te gustan los animales?
- Sí, me encantan los animales.
- ¿Tienes animales en casa?
- Sí, en casa tenemos . . .

**Susana, 16 años**

Sí, a mí me encantan los animales. Vivo en Ecuador. En casa tenemos animales y pájaros bastante interesantes. Tenemos un perro, dos gatos, un mono, un tucán y una tortuga.

**Carlos, 14 años**

A mí me gustan mucho los animales también. Vivo en un pueblo cerca de Salamanca en España y allí hay muchos animales. Me gustan sobre todo los caballos y los perros. Me gusta mucho montar a caballo.

**Javier, 16 años**

Vivo en San Juan de Puerto Rico y tenemos un apartamento. Por eso no tenemos muchos animales. Sólo tenemos un perro, que es muy simpático. Se llama Tafi. Mi hermano tiene una colección de arañas y otros insectos que a mí no me gustan nada. Son asquerosos. Pero a él le gustan mucho.

## En casa tenemos . . .

**10.5** Now work with your partner again and ask each other these questions.

- ¿Te gustan los animales?
- ¿Qué tipo de animales te gustan más?
- ¿Tienes animales en casa? ¿Qué animales tienes?
- ¿Cómo se llaman?
- ¿A ti te gustan los insectos? ¿Por qué/por qué no?

## ¿Es Fredi más alto que Pablo?

**10.6** Look at the photo then read the descriptions and work out which person is which.

- Elena es más baja que David.
- David no es tan alto como Pablo.
- Fredi es más alto que Pablo.
- Carla es más baja que Pablo, Fredi y Elena.

## Lo contrario

**10.7** Look at the words in the drawings. Then find four pairs of opposites.

## Más que, menos que . . .

**10.8** Now that you can see how to compare things in Spanish, complete the following sentences with the appropriate words, according to your own opinions. Remember that you will need to adapt some of the words if they are describing plural or feminine people or things.

- ▶ El español es más . . . que el francés.
- ▶ La ciudad es más . . . que el campo.
- ▶ La música clásica es más . . . que la música pop.
- ▶ El clima es más . . . en España que en Inglaterra.
- ▶ Los jóvenes de hoy son más . . . que sus padres.
- ▶ Los gatos son más . . . que los perros.
- ▶ Es más . . . ir en moto que montar a caballo.
- ▶ Es más . . . ir al cine que ir a pescar.
- ▶ Las muchachas son más . . . que los muchachos.
- ▶ El fútbol es más . . . que el tenis.

**interesante** **aburrido** **tranquilo** **agradable**

**inteligente** **romántico** **peligroso** **caro** **barato**

**fácil** **difícil** **independiente** **perezoso** **rico**

**emocionante**

## ¿Qué te pasa?

**10.9** Listen to the cassette and then answer the questions.

**a** What does Elena suggest doing at the weekend?
- Going dancing.
- Going camping.
- Staying at home.

**b** What reason does Beatriz give for not being enthusiastic about the suggestion?
- She doesn't like the country much.
- She doesn't like camping.
- She's got a lot of things to do.

**c** At first Elena is very enthusiastic about the countryside. What does she say she likes?
- The animals.
- The noises at night.
- The lovely night and the pure air.

**d** What are Beatriz's reactions to these comments?
- She disagrees.
- She's already asleep so she doesn't reply.
- She agrees with Elena.

**e** Why does Elena decide to put her jersey on?
- Because she's going to go out.
- Because she's cold.
- Because she's afraid of insects.

**f** Why does Elena get upset?
- Because Beatriz won't talk to her.
- Because she's afraid of spiders.
- Because there's a snake in the tent.

▶ Now listen to the cassette again and decide which of the following expressions you would use in each situation.

- Tengo sueño.
- Tengo miedo.
- Tengo frío.
- ¡Socorro!
- ¡Qué asco!
- ¿Qué te pasa?
- ¡Anímate!
- ¡No seas tan pesado!

**a** You want to encourage a friend to do something she/he is not very keen on doing.

**b** You want to tell a friend not to be so dull.

**c** You want to say you feel really sleepy.

**d** You feel cold.

**e** You are in trouble and you need to shout for help.

**f** You see something you really do not like, a spider or a rat, for example.

**g** You're frightened.

**h** You want to ask a friend what's wrong.





## ¡Anímate!

**10.10** Work with a partner. Prepare this script of the two girls camping by reading one part each. Then read the script to the rest of the class. The class can judge which pair gives the best 'performance'.

El sábado por la noche Bea y Elena están en el campo. Con su tienda de campaña y los sacos de dormir se disponen a pasar una noche tranquila.

ELENA ¡Qué noche más tranquila! ¡Qué bien se está aquí en el campo! Y el aire . . . el aire es tan puro, ¿no crees Bea?

(*silencio*)

ELENA Es bueno el aire del campo, ¿verdad Bea?

(*silencio*)

ELENA *Bea*, ¿no me oyes?

BEA (*ronca*) ¿Eh? Sí, sí . . . ¡Qué sueño tengo!

ELENA Es mejor el campo que la ciudad, ¿no crees?

BEA (*con sueño*) Mmmm . . . (*ronca, ronca*).

(*pausa*)

ELENA Brrr. Ahora hace frío. ¿No crees? Brrr, tengo frío. Voy a ponerme el jersey.

BEA Zzzzz.

(*Elena se pone el jersey y se acuesta de nuevo.*)

ELENA Mmmm. Ahora estoy muy bien.

(*pausa*)

ELENA ¡Uf! ¡Bea! ¡Socorro! Hay un bicho aquí en la tienda. Me ha picado. Algún insecto me ha picado . . . o si no, una serpiente.

BEA (*se despierta*) ¿Qué? ¿Qué te pasa Elena? Aquí está mi linterna . . . Mira, es una araña.

ELENA ¡Una araña! ¡Qué asco! Tengo miedo de las arañas. No puedo más. No puedo dormir aquí. Tenemos que irnos ahora.

BEA Pero ¿cómo vamos a irnos a estas horas? Tranquilidad y a dormir.

## ¿Conoces a tu mejor amigo o amiga de verdad?

**10.11** See how many of these questions you can answer about your best friend. Work with a partner. Take turns to ask each other the questions.

All the questions are based on language you have practised so far in *Diez Temas*. Score a point for every question you can answer correctly.

- ¿Cómo se llama tu amigo o amiga? ¿Tiene más de un nombre? ¿Y cuál es su apellido?
- ¿Cuántos años tiene?
- ¿Cuándo es su cumpleaños?
- ¿Cuál es su signo del horóscopo/zodíaco?
- ¿Tiene hermanos? ¿Cuántos tiene?
- ¿Cómo se llaman sus hermanos?
- ¿Qué le gusta hacer en su tiempo libre?
- ¿De qué tiene miedo?
- ¿Cuáles son sus programas de televisión preferidos?
- ¿Qué le gusta comer?
- ¿Qué le gusta beber?
- ¿Qué deportes practica?
- ¿Cuál es su dirección?
- ¿Vive en una casa o en un piso?
- ¿Dónde fue de vacaciones el año pasado?
- ¿Qué tipo de ropa le gusta llevar?
- ¿Le gustan los animales?
- ¿Qué animales tiene en casa?
- ¿Prefiere el campo o la ciudad?
- ¿Cuál es su asignatura preferida?

**De 0 a 8**
No conoces muy bien a tu amigo.

**De 9 a 15**
Conoces a tu amigo bastante bien.

**De 16 a 20**
Conoces muy bien a tu amigo.

**10.12** Play a game in class. One of you writes down the name of a student in the class. The rest of the class has to guess whose name you have chosen. They can ask all the questions listed above except ¿Cómo se llama?

**10.13** Adapt the twenty questions to the tú (you) form. Work with a partner and ask each other the questions.

*ejemplo* ▶

¿Te gustan los animales?

¿Vives en una casa o un piso?

¿Prefieres el campo o la ciudad?

¿Por qué?

¿Qué deportes practicas?

¿Tienes miedo de las arañas? ¿De qué tienes miedo?

**10.14** Write about yourself. Choose ten of the questions and write down the answers.

---

## Language summary

| | |
|---|---|
| ▶ **¿Te gustan los animales?** | Sí, a mí me encantan los animales. |
| ▶ **¿Qué animales tienes en casa?** | Tengo/tenemos un perro, un gato, un caballo y un loro. |
| ▶ **¿Te gustan los insectos?** | No, no me gustan nada. |
| ▶ **¿Prefieres el campo o la ciudad?** | Prefiero el campo/la ciudad. |
| ▶ **¿Por qué?** | Porque el campo es más tranquilo que la ciudad.<br>Porque me gustan los animales.<br>Porque el paisaje es bonito.<br>Porque en la ciudad hay más que hacer. Hay cines, discotecas y parques. |
| ▶ **¿Es Fredi más alto que Pablo?** | Fredi es más alto que Pablo.<br>Fredi y Pablo son más altos que David. |
| ▶ **¿Qué te pasa?** | Tengo miedo/frío/sueño.<br>Tengo miedo de las arañas. |
| ▶ **¿Conoces a tu amigo de verdad?** | No conoces muy bien a tu amigo.<br>Conoces muy bien a tu amigo. |

# Transcripts

**▶ 1.1**

Me llamo Marisa. Tengo quince años. Soy de Madrid.
Me llamo Felipe. Soy de Barcelona. Tengo diecisiete años.
Me llamo Rosa. Tengo dieciséis años y soy de Alicante.

**▶ 1.4**

**a** Un, dos, tres y . . .

**b** A ver, catorce y ocho son veintidós.

**c** Tengo trece años.

**d** Quince – treinta.

**▶ 1.7**

**a** Hola, me llamo Juan. Soy de Madrid. Soy cocinero.

**b** Hola, me llamo Teresa. Soy de Santander y soy secretaria.

**c** Un momento más . . . así, así . . . muy bien . . . estupendo, estupendo . . . Soy de Barcelona. Soy fotógrafa. Me llamo Nuria Vidal.

**d** Me llamo José Manuel. Soy de aquí, de Madrid. Soy taxista.

**e** Soy profesora de inglés. Me llamo Isabel Alvarez.

**f** Me llamo Javier. Tengo diecinueve años. Soy estudiante.

**g** Me llamo José Luis Domínguez. Soy de Córdoba y soy torero.

**▶ 1.10**

Hoy en el programa tenemos ocho personalidades famosas y muy interesantes, dos mujeres y seis hombres. . . . de los Estados Unidos, Carl Lewis, un atleta estupendo . . . de España, el famosísimo, Julio Iglesias, . . . de Irlanda, Terry Wogan, . . . de Alemania, la tenista Steffi Graf, . . . de Inglaterra, el guitarrista número uno, Eric Clapton, . . . de Francia, Brigitte Bardot, de Gales, Aled Jones . . . Y de Australia, el actor, Paul Hogan.

**▶ 2.1**

ENTREVISTADOR ¿Cómo te llamas?
ANNE MARIE Me llamo Anne Marie.
ENTREVISTADOR ¿Y dónde vives?
ANNE MARIE Vivo en Salamanca, en la Plaza San Juan Bautista, número catorce.

ENTREVISTADOR ¿Cómo te llamas?
ELENA Me llamo Elena.
ENTREVISTADOR ¿Y dónde vives, Elena?
ELENA Vivo en Colombia, en Sudamérica.
ENTREVISTADOR ¿Vives en Bogotá?
ELENA No, vivo cerca de Medellín, en el campo.
ENTREVISTADOR ¿Y vives en una casa o en un apartamento?
ELENA Vivo en una casa.
ENTREVISTADOR ¡Hola! ¿Cómo te llamas?
JAVIER ¡Hola! Me llamo Javier.
ENTREVISTADOR ¿Y de dónde eres?
JAVIER Soy de Puerto Rico.
ENTREVISTADOR ¿Y dónde vives? ¿En la capital?
JAVIER Sí, vivo en las afueras de San Juan, en un apartamento.

**▶ 2.3**

LOLA Vivo en la calle de Toledo, número 12.
JORGE Vivo en la calle del Prado, número 20.
JOLANDA Vivo en la calle de Cuchilleros, número 2.
RAFAEL Vivo en la Plaza de la Cebada, número 25.
ANABEL Vivo en la calle del Maestro Chapí, número 15.

**▶ 2.5**

ANNE MARIE Nuestro piso es bastante grande. Tenemos un salón, un comedor, una cocina, un cuarto de baño y cuatro dormitorios.
JAVIER Pues mi casa es bastante pequeña. Tiene un salón, una cocina, tres dormitorios, un cuarto de baño . . . y una terraza pequeña.
ELENA Mi casa tiene cuatro dormitorios, un salón, un comedor, una cocina, un cuarto de baño y un jardín.

**▶ 2.10**

ELENA En mi familia somos tres: mi madre, mi padre y yo. Soy hija única.
JAVIER En mi casa viven cuatro personas: mis padres, mi hermano y yo.
MARÍA JESÚS Mi familia la forman mis padres, mi hermana y mis abuelos.

**▶ 3.2**

VOZ DE LA RADIO Buenos días. Son las seis de la mañana.
JOSÉ Me despierto temprano. Me levanto a las seis y media . . . Me ducho.
VOZ DE LA RADIO Son las siete . . .
JOSÉ Desayuno. Me voy al colegio.
VOZ DE LA RADIO Son las ocho y cuarto.
JOSÉ Adiós. Por la tarde llego a casa a las seis y media. Ceno a las nueve. Y a las diez me acuesto.

**▶ 3.3**

| | |
|---|---|
| ENTREVISTADOR | Hoy hablamos con una superestrella de la música rock, Ramón. Hola, Ramón, bienvenido a nuestro programa. ¿Cómo estás? |
| RAMÓN | Hola, David, pues muy bien. Es un placer estar en el programa. |
| ENTREVISTADOR | Ramón, cuéntanos, ¿Cómo es un día en la vida de una estrella del rock? |
| RAMÓN | ¿Un día en mi vida? Pues . . . no es nada extraordinario. Me levanto muy tarde, a veces me levanto a las cuatro de la tarde. |
| ENTREVISTADOR | ¿A las cuatro de la tarde? Pues sí, es bastante tarde. |
| RAMÓN | Y luego me ducho, desayuno, un café . . . me visto . . . |
| ENTREVISTADOR | Sí, y te vistes de una manera . . . |
| RAMÓN | Extraordinaria, sí, y luego me peino, a veces me peino durante una hora, dos horas . . . |
| ENTREVISTADOR | Sí, se nota, se nota. |
| RAMÓN | Es increíble, ¿no? Luego escucho música . . . Beethoven, Wagner, Motorhead, música así . . . Luego después voy al teatro o al estadio, lo que sea, para el concierto. |
| ENTREVISTADOR | ¿Y qué haces después del concierto? ¿cenas? ¿te acuestas? |
| RAMÓN | Sí, depende, a veces ceno a las seis de la mañana y a las ocho de la mañana me acuesto. |

**▶ 3.16**

| | |
|---|---|
| JOSÉ MANUEL | Hola, me llamo José Manuel. Me gusta el inglés. |
| ISABEL | Me llamo Isabel y me gusta la física. |
| CARLOS | Hola, me llamo Carlos. Me gusta la gimnasia. |
| CARMEN | Me llamo Carmen. Mi asignatura favorita, las matemáticas. |
| PABLO | Mi nombre es Pablo. Me gusta la historia. |
| ELENA | Hola, me llamo Elena. Me gusta mucho la química. |
| FRANCISCO | Me llamo Francisco. Me gusta la geografía. |
| MARGARITA | Mi nombre es Margarita y mi asignatura favorita es la biología. |

**▶ 3.12**

| | |
|---|---|
| CAROLINA | Dígame. |
| FELIPE | ¿Está Carolina, por favor? |
| CAROLINA | Sí, soy yo. |
| FELIPE | Hola, Carolina, soy Felipe. ¿Cómo estás? |
| CAROLINA | Pues muy bien, gracias, ¿y tú, Felipe? |
| FELIPE | Fenomenal . . . oye, Carolina, ¿qué haces el lunes por la tarde? |
| CAROLINA | Pues, el lunes después de clase tengo una clase de ballet. |
| FELIPE | ¿Y el martes? |
| CAROLINA | El martes tengo una clase de inglés. |
| FELIPE | El miércoles, ¿qué haces? |
| CAROLINA | Los miércoles siempre tengo muchos deberes. |
| FELIPE | ¿Y el jueves? |
| CAROLINA | El jueves voy a casa de mi amiga, Isabel, . . . y los viernes siempre me acuesto muy temprano. |

FELIPE Pues, vale. Entonces puedo invitar a tu amiga Isabel para ir a la discoteca el lunes, el martes, el miércoles o el viernes.

**▶ 4.1**

ENTREVISTADOR Hola, buenos días. Hoy en el programa hablamos de los jóvenes. ¿Cómo es el típico joven español de hoy? ¿Y qué hace en su tiempo libre? Tenemos en el estudio a cuatro jóvenes. Miguel, empezamos contigo. Díme, ¿qué haces en tu tiempo libre?

MIGUEL Mira, pues a mí me gustan mucho el deporte y la música. Practico el fútbol y el baloncesto. Escucho música. Tengo una colección de discos bastante buena.

ENTREVISTADOR Te gusta el deporte y la música, muy bien. Y ahora, Ana, cuéntanos, ¿qué te gusta a ti? ¿Qué haces tu en tu tiempo libre?

ANA Pues en mi tiempo libre, leo, toco la guitarra, y salgo con mis amigos.

ENTREVISTADOR ¿Y qué haces cuado sales con tus amigos? ¿Adónde vais?

ANA Bueno, damos un paseo, charlamos, a veces vamos al cine o a una discoteca.

ENTREVISTADOR Vale, y ahora, José Manuel . . .

JOSÉ MANUEL Pues a mí me gusta mucho escuchar música, sobre todo la música clásica y el jazz. Me gusta también el fútbol. Mi equipo favorito es el Real Madrid.

ENTREVISTADOR Muy bien, y Mari Carmen, ¿qué te gusta hacer en tu tiempo libre?

MARI CARMEN Pues, me gusta el esquí, en invierno, y en verano, la playa.

ENTREVISTADOR En invierno vas a la montaña y en verano a la playa. Muy bien . . .

**▶ 4.8**

CHICO Pues, vivo en Barcelona. Es una ciudad muy grande y hay de todo. Hay cines, discotecas, cafeterías, bares, piscinas, polideportivos. Hay playas. Y en invierno vamos los fines de semana a las montañas a esquiar.

CHICA Vivo en Sevilla, al sur de España. Es una ciudad muy bonita. Para los jóvenes hay parques y unas piscinas excelentes. Hay cines y discotecas.

CHICO Mi pueblo se llama Benicasim. Es un pueblo bastante pequeño. Está en la costa, cerca de Valencia. Tenemos unas playas muy buenas. Hay pistas de tenis, algunas discotecas, varias cafeterías y un cine muy pequeño. En la playa en verano hay windsurfing y esquí acuático.

### ▶ 5.2

ENTREVISTADOR ¡Hola! Buenos días y bienvenidos al *Juego de la semana*. Hoy nuestro tema es el deporte y tenemos a cuatro jóvenes que son aficionados al deporte. A ver, empezamos con Elisabet . . . Elisabet, ¿en qué deporte es famoso Diego Maradona?

ELISABET En el fútbol, es futbolista.

ENTREVISTADOR Sí, Diego Maradona es futbolista. Y ahora, José Manuel, ¿de qué nacionalidad es Diego Maradona?

JOSÉ MANUEL Es de Argentina, es argentino.

ENTREVISTADOR Sí, Diego Maradona es argentino. Y una pregunta para Lourdes, ¿qué deporte practica Gabriela Sabatini?

LOURDES El tenis.

ENTREVISTADOR Sí, Gabriela Sabatini practica el tenis. Javier, una pregunta un poco más difícil . . . Fernando Valenzuela es un deportista mexicano pero juega para Los Dodgers de Los Ángeles. ¿Qué deporte practica?

JAVIER Pues . . . no sé, ¿el baloncesto?

ENTREVISTADOR No, el béisbol. Fernando Valenzuela es jugador de béisbol. Elisabet, ¿qué deporte practican Greg Lemond y Pedro Delgado?

ELISABET Pues, ciclismo. Participan en la Vuelta a España y en el *Tour de France*.

ENTREVISTADOR Muy bien, sí. José Manuel, ¿puedes mencionar dos deportes que son artes marciales?

JOSÉ MANUEL El kárate . . . y el judo.

ENTREVISTADOR Sí el kárate y el judo son artes marciales. Lourdes, ¿el esquí y el patinaje son deportes olímpicos, pero ¿por qué no hay ni esquí ni patinaje en los Juegos Olímpicos de 1992 en Barcelona?

LOURDES Mmmm . . . Porque el esquí y el patinaje forman parte de los Juegos Olímpicos de invierno y en 1992 son en Francia.

ENTREVISTADOR Exactamente, muy bien. Javier, ¿en qué deporte se habla del estilo 'mariposa'?

JAVIER En la natación.

ENTREVISTADOR Sí, en la natación. Muy bien. Pues en este momento Elisabet, Lourdes y José Manuel tienen dos puntos cada uno, y Javier tiene un punto.

### ▶ 5.7

AURORA Pues en España el deporte más popular es el fútbol. A mí me gusta mucho y mi equipo favorito es el Real Madrid.

FERNANDO A mí también me gusta el fútbol. Practico el fútbol y el baloncesto. Juego en el equipo de baloncesto del colegio. Jugamos los miércoles y los viernes y hay partidos los sábados.

INMA Pues a mí me gustan el voléibol y el tenis. Jugamos al voléibol en el colegio. Y juego al tenis con mis amigas los sábados.

GERARDO Me gusta mucho el deporte. En el colegio jugamos al fútbol y al baloncesto. Y por mi parte practico la natación, la gimnasia y el kárate.

AURORA En España hay muchos programas de deportes en la televisión. Hay partidos de fútbol, hay automovilismo, Fórmula Uno. Hay tenis, natación y atletismo.

### ▶ 6.2

CAMARERO ¡Hola, buenas tardes! ¿Qué van a tomar ustedes?
CHICO Pues para mí, ensalada mixta y pollo asado.
CHICA Y para mí, paella y chuleta de cerdo con patatas.
CAMARERO ¿Y de postre?
CHICO Para mí, fruta.
CHICA Flan, por favor.
CAMARERO Muy bien.

### ▶ 6.7

TENDERO Buenos días. ¿Qué quiere usted?
SEÑORA Quiero veinte kilos de patatas.
TENDERO ¿Veinte kilos?
SEÑORA Sí.
TENDERO ¿Algo más?
SEÑORA Diez kilos de cebollas.
TENDERO ¿Diez kilos de cebollas?
SEÑORA Sí, diez.
TENDERO ¿Algo más?
SEÑORA Cinco kilos de tomates . . .
TENDERO Cinco kilos de tomates . . .
SEÑORA Y deme tres kilos de manzanas, dos de peras . . . y tres de fresas.
TENDERO Muy bien . . . tres de manzanas . . . dos de peras . . . y tres kilos de fresas. ¿Eso es todo?
SEÑORA Sí, eso es todo.
TENDERO Perdone, señora, ¿pero tiene usted una familia numerosa?
SEÑORA No, tengo un restaurante.

### ▶ 6.11

ENTREVISTADOR ¿Qué te gusta tomar en el desayuno?
JUAN En el desayuno tomo un café con leche y pan tostado.
ENTREVISTADOR ¿Y en la comida?
JUAN Pues, en España se come bastante tarde. Se come a las dos o a las dos y media, así que tengo mucha hambre. Tomo primero sopa, después arroz, luego carne, un buen bistec por ejemplo con patatas fritas, y de postre fruta o yogur.
ENTREVISTADOR ¿Y comes algo por la tarde?
JUAN Sí, claro. En la merienda me gusta tomar un vaso de leche y un pastel. Y luego ceno a las diez. Tomo pescado o huevos y ensalada.

### ▶ 7.13

VOZ Compre su ropa deportiva en *El Corte Inglés*. Tenemos todo para el deporte: chándales, zapatillas de Nike y Reebok, camisas *'Lacoste'* . . . todo de última moda y a buenos precios.

CLIENTE ¿Tiene peras?

TENDERO No, pero hay manzanas a cien pesetas el kilo.

CLIENTE ¿Se venden gafas de sol aquí?

DEPENDIENTA Sí. Mire, aquí están.

CLIENTE ¿Se venden aspirinas aquí?

DEPENDIENTA ¿Aspirinas? No. Tiene usted que ir a la farmacia.

### ▶ 8.1

CHICA ¿Dónde vas de vacaciones?

CHICO Pues en verano normalmente vamos a la playa. Pero el año pasado fui a Francia, Inglaterra y Escocia.

CHICA ¡Qué bien!

CHICO ¿Y tú? ¿Vas a la playa en verano?

CHICA No, vamos a la montaña, a los Pirineos.

CHICO Es muy tranquilo allí, ¿no?

CHICA Sí, es muy tranquilo pero tengo muchos amigos allí y lo pasamos muy bien.

### ▶ 8.7

JACINTA ¿Qué tal fue el viaje a Francia e Inglaterra?

LUIS Estupendo. Me lo pasé muy bien.

JACINTA ¿Fuiste solo?

LUIS No, fui con dos amigos.

JACINTA ¿Fuísteis en coche?

LUIS No, fuimos en tren.

JACINTA ¿Te salió muy caro?

LUIS No, no muy caro.

JACINTA ¿Y cuánto tiempo estuviste allá?

LUIS Un mes, más o menos. Visitamos muchos sitios, París, Londres, Cambridge, Oxford, Bath, Stratford y Edinburgo.

JACINTA ¿Te gustó Londres? ¿Viste el Palacio de Buckingham y la Torre de Londres?

LUIS Sí, todos esos lugares. Y fuimos a Harrods y a Kings Road pero no compramos nada.

JACINTA ¿Y qué tal tiempo tuviste?

LUIS Fatal, muy malo.

### ▶ 9.3

ENTREVISTADORA Oye ¿Cómo celebras la Navidad en tu casa?

BELEN Pues, en mi casa tenemos una cena especial en Nochebuena. Viene toda la familia: mis abuelos, mis tíos y mis primos.

ENTREVISTADORA Muy bien ¿Y qué comes?

BELEN Comemos mucho, pescado, pavo y después turrón.

ENTREVISTADORA Oye ¿y vas a misa?

BELEN Sí, claro. Vamos todos a la misa del gallo a las doce de la noche.

ENTREVISTADORA ¿Y tienes regalos?
BELEN No, no tenemos regalos en Nochebuena ni el Día de Navidad.
ENTREVISTADORA Tienes regalos en Reyes ¿no?
BELEN Sí, el Día de Reyes, el 6 de enero.

**▶ 9.8**

CARMEN A ver, para la fiesta necesito: vasos, tenedores, cuchillos, Fanta de limón, aceitunas, jamón . . . y claro, la tarta.

**▶ 9.10**

PABLO Dígame.
JAVIER Hola, soy Javier. ¿Está Pablo, por favor?
PABLO Sí, Javier. Soy yo.
JAVIER Ah, bueno, Pablo, mañana es el cumpleaños de Mari Carmen. Vamos a darle una serenata. ¿Qué te parece? ¿Quieres venir?
PABLO Sí, claro. ¿A qué hora?
JAVIER Pues vamos a reunirnos en la plaza a las diez. Luego vamos a casa de Mari Carmen. ¿Te parece bien?
PABLO Sí, muy bien. En la plaza a las diez. Y voy a llevar mi guitarra.
JAVIER Muy bien. Adiós.
PABLO Adiós, hasta luego.

**▶ 9.12**

JAVIER Vamos a cantar 'La Bamba'. ¿Vale?
LOS CHICOS Sí.
JAVIER Venga, un, dos, tres . . .

Bamba, la bamba,
Bamba, la bamba,
Bamba, la bamba,
Para bailar la bamba,
Para bailar la bamba se necesita
una poca de gracia,
una poca de gracia y otra cosita,
Ay arriba y arriba, ay arriba y
arriba y arriba iré,
yo no soy marinero,
yo no soy marinero, por ti seré,
por ti seré, por ti seré,

*Bamba, la bamba,*

Para subir al cielo,
Para subir al cielo se necesita
una escalera larga,
una escalera larga y otra cosita,
Ay arriba y arriba, ay arriba y
arriba y arriba iré,
yo no soy marinero,
yo no soy marinero, por ti seré,
por ti seré, por ti seré.

*Bamba, la bamba . . .*

Ay lirongo, ay lirongo, ay lirongo;
mi sombrero me lo quito y me
lo pongo,
Ay lirongo, ay lirongo, ay lirongo;
mi sombrero me lo quito y me
lo pongo,
Ay lirongo, ay lirongo, ay lirongo;
mi sombrero me lo quito y me lo
pongo.

| | |
|---|---|
| MARI CARMEN | ¡Qué bien cantáis! Gracias. ¿Queréis subir a tomar algo? Pasa, Pablo. Pasad todos. |
| PABLO | ¡Feliz cumpleaños, Mari Carmen! |
| JAVIER | ¡Felicidades! |
| MARI CARMEN | Gracias. Y gracias por la serenata. |

**▶ 10.1**

| | |
|---|---|
| LOCUTORA | Hoy para nuestro programa estamos en el Instituto Cervantes de Madrid y vamos a presenciar un debate entre los estudiantes. El tema del debate es: ¿Es mejor vivir en la ciudad o en el campo? Los estudiantes tienen la palabra. |
| BEGOÑA | Bueno, creo que para los jóvenes es mejor la ciudad que el pueblo. En la ciudad hay mucho que hacer. Bueno, hay cines, hay discotecas, hay polideportivos y hay parques. En el pueblo no hay nada para los jóvenes, nada. |
| FELIPE | Es cierto que no hay cines ni discotecas en el campo. Pero hay otras cosas que hacer. Hay sitios muy bonitos para ir a pasear. |
| BEGOÑA | Sí, sí, pero es que ir de paseo todos los días es muy aburrido. |
| NIEVES | Pero hay muchas más cosas que hacer. En el campo se puede ir a pescar, hacer camping, montar a caballo, o ir en bicicleta. |
| JACOBO | Hombre, en la ciudad también se puede montar en bicicleta, pasear y estas cosas. |
| NIEVES | Sí, pero en la ciudad hay mucho tráfico y es peligroso. El campo es más tranquilo y el paisaje es más bonito. |
| JACOBO | Y además se respira aire puro. El aire de la ciudad está muy contaminado. |

**▶ 10.9**

| | |
|---|---|
| ELENA | Oye, Beatriz, ¿qué haces este fin de semana? |
| BEA | Pues, nada . . . lo de siempre. |
| ELENA | ¿Quieres ir de excursión al campo? |
| BEA | Pues . . . no sé, Elena . . . a mí no me gusta mucho el campo . . . |
| ELENA | Anímate, Bea. ¡No seas tan pesada! Vamos a hacer camping. Te va a gustar. Ya verás. |
| BEA | Bueno. . . |

El sábado por la noche Bea y Elena están en el campo. Con su tienda de campaña y los sacos de dormir se disponen a pasar una noche tranquila.

*(Please look at page 99 for the rest of this dialogue.)*